はじめて考えるときのように

惊呆了!
思考
原来这么有趣

[日] 野矢茂树 / 著　[日] 植田真 / 绘　陈一珂 / 译

北京时代华文书局

图书在版编目（CIP）数据

惊呆了！思考原来这么有趣 /（日）野矢茂树著；（日）植田真绘；陈一珂译. -- 北京：北京时代华文书局，2019.6（2019.9 重印）
ISBN 978-7-5699-3023-8

Ⅰ. ①惊… Ⅱ. ①野… ②植… ③陈… Ⅲ. ①思维方法－通俗读物 Ⅳ. ① B804-49

中国版本图书馆 CIP 数据核字（2019）第 074505 号
北京市版权著作权合同登记号　字：01-2018-3434

HAJIMETEKANGAERUTOKINOYOUNI
Text copyright © 2004 by Shigeki Noya
Illustrations copyright © 2004 by Makoto Ueda
First published in Japan in 2004 by PHP Institute, Inc.
Simplified Chinese translation rights arranged with PHP Institute, Inc.
Through CREEK & RIVER CO.,LTD. and CREEK & RIVER SHANGHAI CO., Ltd.

惊呆了！思考原来这么有趣
JINGDAILE SIKAO YUANLAI ZHEME YOUQU

著　　者｜［日］野矢茂树
绘　　者｜［日］植田真
译　　者｜陈一珂

出 版 人｜王训海
策划编辑｜张超峰
责任编辑｜张超峰
装帧设计｜红杉林文化　段文辉
责任印刷｜刘　银

出版发行｜北京时代华文书局 http://www.bjsdsj.com.cn
　　　　　北京市东城区安定门外大街 136 号皇城国际大厦 A 座 8 楼
　　　　　邮编：100011　电话：010 - 64267955　64267677

印　　刷｜固安县京平诚乾印刷有限公司　0316-6170166
　　　　　（如发现印装质量问题，请与印刷厂联系调换）

开　　本｜880mm×1230mm　1/32　　印　张｜6.25　字　数｜70千字
版　　次｜2019 年 7 月第 1 版　　　　 印　次｜2019 年 9 月第 2 次印刷
书　　号｜ISBN 978-7-5699-3023-8
定　　价｜45.00 元

版权所有，侵权必究

邀请函

种种问题都需要思考。
但我们却不知道该如何思考。
追根究底,所谓思考,到底是指什么呢?
实在是满头雾水。

让我们思考一下"思考"本身。

只看眼前能够看到的并不能叫作思考。所谓思考,就是要在书上也没有写的空白之处做文章。而我也邀请你走向这本书的空白之处。

对"思考"展开思考时所编织成的语言,以及以思考的目光所记录到的风景,就如同两条齐头并进的小溪,构成这本书的空白之处。

而我希望你将自己的想法也点缀其中。

如此一来或许你的语言与视线,都将被渲染上思考的色彩,你也能重新跨出邂逅全新风景的第一步。

现在,我诚挚邀请各位,来观赏这片风景。

来自一名哲学家与一名画家

惊呆了！思考原来这么有趣

目　　录

何谓"思考"？

该做些什么？ /004
两个小问题 /006
一直在思考 /007
沉迷解题的数学家 /008
揭晓答案 /011
断断续续 /013
"思考"与"没有思考"的区别 /015
侧耳倾听 /017
"尤里卡！" /018
随心所欲 /022
杯子与饮料的关系 /026
新的一面 /029
若能心无一物 /030

问之形

某位哲学家的故事 /035
美诺 /036
问题悖论 /040
啊呸剖呸 /044
问题延伸出的问题 /045
何谓"重量"？ /047
何谓"体积"？ /050
问与答之螺旋 /052
问题的诞生 /053
行星问题 /055

问题背景 /056

没有疑问的世界 /057

学得越多，问题越多 /062

夜空为何黑暗？ /062

星星为何闪耀于夜空？ /063

鼹鼠挖洞 /067

你说逻辑思维？

有条理地散步？ /071

逻辑是为了不思考而存在的 /073

何谓"逻辑"？ /076

如果帝王蟹咩咩叫 /078

"近吾者斩！" /079

我们真的如此不擅长逻辑推理吗？ /081

从何问起？ /086

推理的形式 /089

逻辑与语言 /092

叔叔推理 /093

骰子问题 /094

逻辑这个废物 /096

思考中的逻辑思维与非逻辑思维 /099

没有语言就无法思考

有"没有东西"的房间吗？/105
寻找"没有"的年轻人的故事 /107
否定的神奇之处 /107
动物也会思考吗？/109
思考？自动设备？/112
"说不定"的世界 /116
茶杯逻辑上的可能性 /118
茶杯逻辑上的不可能性 /120
梦与逻辑 /121
猪如何才能飞？/121
语言盆景 /123
开启可能性的语言 /126

隐形的框架

逻辑之神 /131
R2D1 的悲剧 /132
框架问题 /137
无所不知的愚者 /140
将常识"对症下药"/148
常识的灵活性 /151
充满怀疑的哲学家 /153

怀疑的立足点 /156

any 与 all/157

轻松自如地思考 /159

自己动脑思考？

维尼小熊与屹耳的谈话 /163

自己动脑思考？/166

不用脑思考 /168

想与思考 /172

你不是在独自思考 /174

思考的技术 /177

先填满，摇一摇，再清空 /188

后记 /190

1

何谓"思考"?

① 何谓"思考"？

该做些什么？

我亲爱的读者，当你思考的时候，你是在做什么呢？

你或许会说"说什么呢，我当然是在思考啊"。

我的意思是……唔。

来试着想象一个还不知晓何谓思考的孩子吧。假设现在这个孩子被大人要求"认真思考一下"，听了这话他一脸懵懂地问你：

"思考是什么意思？"

你会如何解答这个孩子的疑惑呢？

若只是"手交叉到背后是什么意思"这种程度的问题，我们或许还可以用语言去解释，或是实际演示给对方。

解释"跳跃"这种行为的话，虽然难以用语言来形容，但我们还可以演示这个动作，然后告诉对方："你看，就是这么回事。"

然而即使在对方面前实际思考一会儿，然后告诉对方思考就是这么回事，也是毫无意义的。因为就连我自己对于该如何"演示思考"也毫无头绪。

February 10

两个小问题

为了思考这个问题,让我来随便出些问题吧。问题是什么并不重要。亲爱的读者,就让我们来看看这些问题吧。

脑筋急转弯:什么文具所有孩子都想要?

请你思考一下,然后试着观察一下自己在思考时都做了些什么。

或许有些读者早已知道这个问题的答案,或是听到问题后立刻就知道了答案。回答已知答案的问题当然不需要思考,而后者亦然。就像是回答"12+35=?"时无需思考就可以立刻得出结果一样。而有些读者或许还完全是丈二和尚摸不着头脑。

现在我们姑且不讨论问题的答案。我在这里为那些找不到思路的读者们准备了别的问题。

现在有一个杯子形状如下,请问为什么被设计成了这种形状呢?

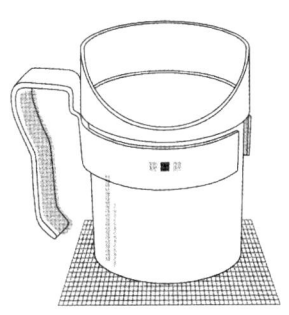

我亲爱的读者,请想想看。

请各位思考的同时,不要忘记现在最关键的任务是观察"自己思考时到底都在做些什么"。大家在思考脑筋急转弯与这个有着奇妙形状的杯子问题的同时,一定要仔细审视一下自己"思考"的过程。

一直在思考

虽然平时不怎么会这样说,但就让我举个例子吧。假设我对某个姑娘表白:"最近我一直在想你。"可这个姑娘颇为不解风情地骂道:"大骗子!"

"为什么啊?"

姑娘回答:"难道你脑海里就没有浮现过肚子饿了或是去厕所这

样的想法吗？不然难道连想方便的时候也在想我吗？讨厌！"

即使说一直在思考，也并不意味着每一分每一秒都在思考。所以并不能因此就指责我们是骗子，对不对？

但若是与这种姑娘一起生活、朝夕相处的话，或许我们能成为一名优秀的哲学家呢。有人曾说过：婚姻是件好事，它能使你拥有幸福美满的生活；如若不然，它就能让你成为一位优秀的哲学家。这个人是谁来着？算啦，不要纠结于这种小事。

沉迷解题的数学家

数学史上曾经有一个名为"费马猜想"的猜想。历经三百五十年的历史，才终于在最近由一个名叫安德鲁·怀尔斯的数学家彻底证明。据说这位学者整整花费了八年时间来证明这一猜想，期间一篇论文都没有写。唉，对一名学者来说，八年时间都不写一篇论文可是十分需要勇气的。

据他所言，"这八年时间，我的脑海里只有费马猜想和我的家庭这两个存在。"这里提到了家庭，大概可信度相当高吧。但即便如此，我的老婆，不，刚才那位姑娘，或许也会说这是个谎言吧。

然而讲述了这段故事的数学家藤原正彦也曾说过，数学家沉迷于解题时，无论是吃饭还是散步，无论是在地铁上、方便时还是在浴缸中，无论是白天还是黑夜，都在思考问题。即使是在睡眠这种无意识状态下也是如此。就连睡觉时处于无意识状态下都没有停止过思考。

这到底是怎么一回事呢？

插一句无关紧要的题外话。若是我跟一名女性说："我无论吃饭时还是散步时，无论在地铁上、方便时还是在浴缸中，无论白天黑夜，都在思念你。即使是在睡眠时这种无意识状态下也是如此。"她会高兴吗？你会说这取决于想了些什么。这话在理。

但话说回来，我想即使是一位连续不间断思考了八年问题的数学家，大概也并不是总是在思考有意义且新鲜的内容。想必他也会或是一直徘徊于同一个角落，或是重复同样的话语，甚至时而只是脑海中一片空白地发呆。别说八年时间，我们人类就算只进行十五分钟的思考，也不可能每一分每一秒都在进行有意义的思考。

即便是别人询问在做什么，我们满怀自信地回答"我在思考"时，其实脑海可能也只是一片空白，只是在重复一些无意义的嘟囔。

大家可能想不出脑筋急转弯的答案，要我再给些时间。但即使继续思考，其实也可能只是在不断地发出苦恼的呻吟，翻来覆去念叨"什么文具所有孩子都想要"这个问题本身。

这样推导下来的话，"一直在思考"果然是一句谎言咯？

我并不这样认为。

是的，即使如此，我也认为这并不是一句谎言。

February 11

对了,在跟大家继续分析前,还有一件事要做。

揭晓答案

什么文具所有孩子都想要?
答:蜡笔。

亲爱的读者,若是我说这些不着边际的话就是通往哲学之道的话,你或许会觉得很不可思议吧。

假如我不先设定这是个脑筋急转弯问题的话,这个问题是不成立的。但若是你问我"脑筋急转弯是什么意思",我该如何解释呢。

脑筋急转弯有几个不同的套路,这个问题就是其中一个——玩文字游戏。因为孩子们都会说"我要、给我嘛!"①,所以问题的答案就是蜡笔。大家可能百思不得其解这个问题的含义与答案,但知道答案后大多数人却又都会恍然大悟。也就是说,知道了答案才能懂得这个问题的含义。

大家或许会觉得这种问题很奇怪?但我认为所有需要思考解答的问题都是一样的,例如哲学问题与脑筋急转弯。这一点十分关键,我

---

① 译者注:日语中"我要、给我"的发音与蜡笔为谐音。

会在后文中仔细解释。

现在先让我们把目光投向较为严谨的第二个问题上吧。

这个奇妙的杯子的杯口为什么被制作成不规则的形状了呢？

因为它是为脖子无法自由活动的人设计的。大家可以找一个普通的杯子，试试直着脖子喝水看看。想必喝到最后时，大家的鼻子无可避免地会碰到杯口。为此，设计师设计这个杯子时故意去掉了一部分杯口。这种杯子确实是市面上可以买到的。只是因为销量有限，成本较高，所以价格略高，据说高达880日元一个。

问题还没结束。这个杯子的杯柄被设计成了可以自由取下的款式，大家认为这又是为什么呢？

虽然露营用品中也有类似的设计，但不能简单解释为，这个设计就是为了让脖子无法自由活动的人露营时使用。因为产品说明并没有给出解释，所以我姑且给大家分享一下我的见解。请读者们回想一下上文中杯子的形状，很容易看出按照图片所示的话只能用左手使用（鼻子朝向凹下去的一边）。因此，为了让左撇子或是右手残疾人群也能使用，杯子被精心设计成了这一形状。唔，实在是别具匠心。

所以，其实生活中有无数细节我们熟视无睹。但"思考"却离不开这些细节。这一点也留待下文详述。

断断续续

或许你不太清楚"思考"的含义,将之笼统地定义为某种行为。但这似乎并不正确。或许大家都会使用"我一直在思考"这一种说法,但我们会逐渐发现这经不起严格的推敲,因为即使我们声称一直在思考,也不可能把每一分每一秒都用在了思考上。然而"思考"本来就不是连续不断的,我认为这一点也无关痛痒。

从这个角度来看的话,人类行动时的目的——也就是"意图",其实与"思考"极为相似。

February 12

举个例子来说，假设你正乘坐地铁准备赶往涩谷。那么问你的目的地的话，你肯定会告诉我"涩谷"这一答案。但是你的脑海中掠过的是窗外的景象，是邻座突然传来的《哆啦A梦》的主题曲，是在山手线上明目张胆吃便当的年轻女孩，而不是一直心心念念想着"涩谷"。地铁中上演着形形色色的故事，以前还有人在地铁上洗澡呢。咳咳，这当然是一个玩笑了。

意图是指"打算"，这个词并不代表一种思维状态。即使你的心思已经飞到了十万八千里外，在乘坐地铁时你的目的地始终都是"涩谷"。即使你的注意力被其他的事物吸引走，目的地也是始终不变的。

归根究底，"思考"绝不指某种思维状态或思维活动，也并不意味着纯脑力工作。我们时而怀抱疑问、询问求解却渺无头绪。但即便翻来覆去地做同一件事情，即便脑海一片空白；即便本想去厨房泡杯咖啡继续思考却失望地发现没有咖啡，开始寻觅别的饮料；即便是为冷静一下出门散步时，为悬挂于天际的彩虹而着迷。这些时刻我们也确实是在"思考"。

"思考"与"没有思考"的区别

读了上文，你可能要问我：
思考着散步与单纯的散步有什么区别？

"思考"与"没有思考"有什么不同？

若"思考"并不特指做什么，那它到底指什么？

我该如何解释呢……

对了，让我们假设这样一种场景吧。

某个清晨，妻子给我出了一个脑筋急转弯：

"猜一猜什么文具所有孩子都想要呢？"

非常莫名其妙的是，明明脑筋急转弯又填不饱肚子，妻子每天早上却不做早餐，只给我出脑筋急转弯。

虽然毫无头绪，但妻子也不肯告诉我答案。然后傍晚与妻子一同购物时，我不经意地看向了文具，目光就停留在了蜡笔上。

"原来如此！"

虽然并没有一直挂念着脑筋急转弯，但看到蜡笔后我恍然大悟，急忙去找妻子炫耀着说："蜡笔！"

妻子回道："不给你哦。"

我只得解释："不不，我说的是今天早上脑筋急转弯的答案！"

于是只见妻子说道："讨厌，你怎么还在想这问题呢？"

各位读者，看！妻子说的是："你怎么还在想这问题呢？"

亲爱的读者，如果你自始至终都在跟随我的思路，寻找"思考"的真正含义，或许此时就能像我看到文具架上的蜡笔恍然大悟一样，通过这段对话茅塞顿开。

怎么样？我亲爱的读者。

侧耳倾听

如果我没有思考这个脑筋急转弯的话,想必会对文具货架上的蜡笔视若无睹。但如今蜡笔映入了我的眼帘,而我则捕捉到了这一答案。

如果我更加积极地思考脑筋急转弯谜底的话呢?或许看到橡皮之类也会默默思索:"橡皮——孩子喜欢——所有孩子都想要橡皮……不行,说不通。"

一心沉迷于解谜的我漫步于文具柜台间并审视着,一一确认映入眼帘的文具是否就是谜底,而这与单纯行走其中是截然不同的。

或许也可以这样形容这种状态:为了随时能够捕捉到问题的谜底,我在进行着"调谐"。当可能的谜底浮上水面时,某个声音就会响起,告诉我"或许这就是答案!"而我就是在侧耳倾听,捕捉这个声音。

心无旁骛地思考时,这种听觉会十分敏锐。我们将全部身心贯注于问题上,屏蔽耳边一切杂音,只耐心等待着提醒我们找到谜底的那个声音。这种状态我们不就称之为"思考"吗?

所谓"思考",其实就是侧耳倾听,就是打磨这种感觉。因此思考时只需与常人一样行走坐卧即可。多做,多看,多感受,多思索。只有一点不同,那就是要洗耳恭听,倾听提醒我们"这就是答案"的声音。

其他都无需改变。

"尤里卡!"

各位读者,大家听说过一个有名的,关于浴缸与黄金纯度的故事吗?我说的可不是什么纯金浴缸之类无聊的故事。

我说的是阿基米德的故事。

国王命人打造了一顶纯金皇冠,但怀疑工匠制造皇冠时私吞了一部分黄金,掺入了白银。然而实际测了测重量,皇冠确实与交给工匠的黄金一样重,用手掂量的话又觉得有些异样。想必内行人是能够感觉到这种违和感的。

February 13

February 14

到底如何才能证明皇冠是否由纯金打造的呢？这个难题一时难倒了众人，最后这个烫手山芋，也就是皇冠被交给了阿基米德。

假设皇冠中掺入了白银，而且工匠为了瞒天过海，打造出的皇冠与国王的黄金一样重。而白银比黄金轻，为了做成同等重量，就势必给皇冠中掺入了更多白银。也就是说同样重量下，掺了白银的皇冠体积要大于纯金皇冠的体积。

截至目前推理一切顺利。

但接下来问题就来了。皇冠的体积该如何测量？将皇冠碎成小块倒是可以测量，但想必国王会雷霆大怒。

于是阿基米德开始思考了。"扑通"一声，他泡进了浴缸。水四溢而出。插一句题外话，要是我这个静不下来的小气鬼的话，觉得热水太多颇为浪费时，会干脆边泼水边泡。而阿基米德则突然大叫出声："我发现啦！"这句话在希腊语中为"Eureka"，英语谐音为"尤里卡"。

阿基米德首先将与皇冠等重的黄金放入水中，使水满溢，然后取出黄金将皇冠放入剩下的水中。这样若是皇冠中掺有银子，也就是皇冠的体积较大，水就会溢出。尤里卡！

而据传当时水确实溢了出来呢。

随心所欲

像我这样的普通人，虽然平日泡澡的时候只会发出舒服的赞叹，但偶尔也会想试试大叫一句"尤里卡"。

但没有经过思考可是说不了这句话的。阿基米德怀抱着问题，孜孜不倦地"调谐"才终于说出了这句"尤里卡"。从结果来看的话，对于阿基米德来说泡澡其实是最有效的思考手段。

那么原来"思考"就是随心所欲啊。

"思考"与"跳跃"这种特定行为模式截然不同，并不具有特定的行为模式，而且原本"思考"这一词语就不是为了定义某种行为而诞生的。思考时既可以做各种事情，也可以什么都不做，只需要怀抱问题，然后洗耳恭听"尤里卡"的呼唤。

* 2.24 —— 13:00
skatE
0896876412
209

* 2.28   14:30
consultation
· FILE ※. 2, 3

February 15

所以，在长达八年的时间中持之以恒地思考同一个问题这绝不是一个虚假的谎言。这位学者只是一心求解，尽可能地摒弃身边繁杂的噪音，并侧耳倾听着那微弱的回声。

沉浸于某个疑问的人无论做什么都不会遗忘疑问。泡澡原本只为清洁自身，或浸泡于热水中暖和一下身体，却竟然与国王的皇冠扯上了关系。

反过来说的话，心无旁骛地泡澡就是单单享受泡澡的乐趣，而不将之与任何事情扯上联系。其实我倒是觉得这样无忧无虑地泡澡才舒服呢。其实这也就是思考者们的不幸了。无法再单纯享受泡澡与美食本身的乐趣，眼前所见之物都与自身思考的问题有关，身边所历之事也都沾染上了问题的色彩。

而且，会逐渐竖起一根时刻等待着"尤里卡"呼唤之声的灵敏天线。

杯子与饮料的关系

思考的时候，事物间联系会变得与往日不再相同。怀抱着问题之人就是在寻找着这些能够解决问题的联系，并时刻竖起耳朵。

就以一个普普通通的厨房里的杯子为例吧。虽然只是一个小小的杯子，其实也能与思考扯上关系。这是因为，杯子意味着喝水，一个杯子或许就能够联系到我们冰箱中储藏的饮料。所以杯子并不单纯是杯子，而我们看着杯子时，其实也在看杯子背后的饮料。

任何事物都不可能单独存在，必然与其他某种事物间存在联系。寻找这些事物间联系也是思考的一部分。但杯子与饮料间的联系已经是一个常识，因此两者之间的连线无需思考。看到杯子的同时，我们就看到了杯子与饮料间的联系。

February 16

所有事物背后都有一些我们耳濡目染中熟知的信息。例如看到一棵树，我们会知道它植根于土地中，与蒲公英、杉菜同属植物类，而不是与东京铁塔同属一类。不仅如此，我们知道这棵枝繁叶茂的大树曾经只是一棵小树苗，还知道有一天它终将会枯萎。超越时间与空间的限制，一棵树与眼前不可见的无数事物都有着千丝万缕的联系。这些联系潜移默化地存在于我们的脑海中，已经与树密不可分，理所当然得甚至不需要思考。我们观察树的同时就也在观察着这些无数无形的联系。

新的一面

与上文相对，思考其实就是要挣脱这些常识性连线所交织出的大网。

无论是从泡澡寻找到皇冠体积测量方法，还是从一件文具联系到撒娇，还是似乎有人从苹果落地联系到了月球环绕地球转动，事物间诞生了新的连线。泡澡和杯子再也不仅仅是泡澡和杯子，身边所有存在都展现出了新的一面。

"最近我一直在想你"这句表白其实就意味着我们正试图把任何事物都与这个心爱的人联系到一起。我们拥有着灵敏的耳朵，我们是一件灵敏的乐器，我们的天线始终等待着这个人的信号。无论是洗澡、吃饭还是方便，一切都可能与这位心爱的姑娘联系到一起。但我说句风凉话，这说不定挺招人嫌的。

若能心无一物

综上所述，思考其实是违反自然的。

我虽然喜好思考，但偶尔也会厌恶思考，觉得以平常心看待事物更为重要。比如单纯享受泡澡而不是想东想西。心无杂念时的饭菜更为美味，心无杂念时的微风拂面也更让人心旷神怡。

或许有人会说不要刻意思考，而是要将自己的感知打磨得更加敏锐。也曾有动作片中的英雄角色大吼："停止思考！去感受！"但思考就是要越过感知，寻求全新的联系与意义。唔，这样说来，果然思考还是令人厌烦。

但模仿克里斯托夫·罗宾对小熊维尼说话语气的话，就是："我已经再也无法忍受不思考啦。"

真没办法。那么至少让我们在思考这条道路上走得更好吧。

各位读者，你们问我怎样才能变得更善于思考？

其实这也是我的疑问。我的内容也还远远没讲完。但姑且在这里给大家一些提示吧。

让我来模仿小熊维尼作首诗吧！

笨笨熊炎炎夏日随想

呜呼！我的头熟了，

　　熊熊在深思，

呜呼！可是想不出。

像是沸腾的蚬贝汤，

　　气泡咕嘟咕嘟，

　　　但是很好吃。

啊！我到底是醒着还是睡着了呢。

问之形

某位哲学家的故事

我的玩笑虽然大多都是冷笑话，但其中也有自己颇为满意的。

某座城镇上居住着一位著名哲学家。我为了求教远赴这座城镇，终于在登门拜访后，被引入一个小小的书房中。本以为书房该是汗牛充栋，堆满了书籍，然而令人颇感意外的是书房中除了桌椅空无一物。难道这位老师不读书？那么他到底是在研究什么问题呢。我下决心问道："冒昧请教您在研究些什么？"

他眨了眨眼，表情似乎有些为难："这个嘛，就是在研究这个。"

我的笑话讲完了。

怎么样？我的读者们。

虽然我并不想进一步解释，但姑且说一句。这位哲学家研究的"这个"正是指我的问题"在研究些什么"，也就是说据他本人所言，他正在研究"自己在研究什么"。

虽然我只是一个籍籍无名的哲学家，但这句话意外地引起了我的共鸣。

进一步说的话,我认为这或许就是哲学的真实形态。
再进一步,"问题"最为重要的形态存在于此。

美诺

十分抱歉,我亲爱的读者们,我似乎给你们留下了太多疑问。接下来就让我介绍一段柏拉图所讲述的有名故事吧。我并没有完全引用原文,请各位不要见怪。

有一天,一个名叫美诺的青年来到了雅典。当他遇到迎面走来的苏格拉底时,立刻与苏格拉底展开了关于哲学的对话。美诺对虽已年迈但老当益壮的苏格拉底毫不客气地问道:

"苏格拉底呀,你能告诉我吗,美德是可以传授的呢,还是人生来就有的呢?"

February 17

February 18

苏格拉底以略感意外的神情答道："美诺啊，你们帖撒利人过去以骑术和财富著称，如今更是变得能言善辩呢。"

美诺继续追问："还是说美德并不能传授，而是要通过训练得来呢？告诉我吧。"

苏格拉底回道："美诺啊，我并不知道。"

美诺："原来你竟然不知道答案啊。这可让我吃了一惊。苏格拉底啊，我回国后就要跟大家说，那个有名的苏格拉底也不知道答案。"

苏格拉底答道："美诺啊，我其实对美德一无所知。若是向一个不认识你的人打听美诺，你认为能够得到答案吗？"

接着苏格拉底询问美诺美德的含义，并要求他给出美德的定义。美诺觉得小菜一碟，轻描淡写地回答了问题。但他的论点却被苏格拉底逐个击破。辩论片刻后，美诺恼羞成怒，愤而大骂，其内容大致可概括为"你这个讨厌的家伙"。

但苏格拉底始终心如止水："我亲爱的美诺啊，让我们来一同探讨美德是什么吧。"然而美诺孤注一掷地作出了最后的反驳。这一段就让我忠实地引用藤泽令夫（岩波文库）的翻译吧。

"苏格拉底啊，若一件东西你根本不知道是什么，你又要如何去寻求它呢？也就是说，你如何从一片未知中寻找一个研究对象呢？退一步来讲，即使你幸运地碰到了它，你又怎么知道这是你所不知道的那个东西呢？因为你本就不知道它是什么。"

问题悖论

诸如学校课堂上布置的问题此类,不仅问题形式工整清晰,而且保证有正确合理的答案。但我们自己屡次遇到的问题却截然相反,不仅搞不清是否存在答案,甚至搞不清问题本身到底是什么。

所以我们首先会质问:

"问题到底是什么呢?"

我们必须首先质问问题本身。

但让我们回想一下上文中的脑筋急转弯。我们是在得知了其谜底后才彻底明白了问题的用意。那么这就出现了问题的悖论。

美诺也正是用这一悖论反驳了苏格拉底。

苏格拉底试图思考"美德"的定义,也就意味着他试图明确"美德"这个词语的含义。但若要一个对"美德"一无所知的人回答美德是什么,就像要我们回答"'啊呸剖呸'是什么意思?"一样,只能一筹莫展。而且就如美诺所言,即使我们与答案擦肩而过也只会视若无睹。各位读者昨天肯定遇到过"啊呸剖呸",但想必没有人注意到吧?

February 19

啊呸剖呸

让我来讲述一个关于啊呸剖呸的寓言吧。它的作者不是鼎鼎大名的柏拉图,而是某个籍籍无名的哲学家。

从前,有一位国王得了急病,传唤巫师前去。巫师得到了神谕:
"啊呸剖呸。非啊呸剖呸不可。"
神谕言尽于此。
但是所有人,甚至是巫师本人都不知道"啊呸剖呸"到底是什么。于是他们叫来了学者,命其速速找来啊呸剖呸。
学者问道:"不胜惶恐,但请问'啊呸剖呸'为何物?"
大臣吼道:"就是不知道才命你查出来!你这个蠢货!"

即使诸如考试等情形下,也是老师因为知晓答案,所以才能顺利地设计出问题。反过来说,连答案的边都摸不着的人是无法设计好问题的。但没有好问题又无法有一个好的答案。
那么问题来了。如何在不知晓答案的前提下设计问题呢?
这就是问题悖论。

问题延伸出的问题

什么？读者们，你们说设计某些问题时并不需要提前知道答案？请你来给我举个例子。

比如说"阿尔卑斯山的最高峰勃朗峰海拔多少米？"

原来如此。

已知"勃朗峰"是一座山，又知"海拔"的含义，即使不知道答案，这个问题也是十分清晰明了的。这个问题确实是我的论点的一个反例。

原来如此。

February 20

然而，解答这个问题只需查询，而不需要思考。所以说……呃，我的论点确实叙述得不够充分。该如何修改才好呢？

我亲爱的读者们，让我们来比较一下"皇冠重几何？"与"皇冠体积几何？"这两个问题吧。

我们都知道如何称重，只需把皇冠置于天平上即可，这用不着思考。

与此相对，该如何测量形状复杂的皇冠之类物品的体积呢，这就是个问题了。于是阿基米德不得不开始思索解决之道。想必此时的阿基米德还不得不思考"体积"的含义。

现在我自己试着思考这一问题时，突然深深认识到了一点。我虽然觉得自己对于"重量""体积"之类的含义已经滚瓜烂熟，但其实完全无法对之作出解释。读者们，不知能否请你们给我讲解一下？

何谓"重量"？

首先，让我们探讨一下何谓重量。

让我们追溯到阿基米德那个全凭天平来称重的时代吧。天平到底衡量的是什么呢？

细思的话，就可以发现其实区区天平并不是在"称重"。天平两边相平衡时，我们测出的是重量的"等效替代值"。也就是说我们寻找的是能与物体在天平上达到平衡状态的对象。

话虽如此，若是有些实在不机灵的人偏要问："为什么天平平衡就意味着知道了<u>重量的等值</u>"，这时该如何应对呢？

"天平平衡为什么意味着重量相等呢？"
"那您的意思是天平平衡时两边重量也可能不相等了？"
"是这个意思。"
"那您认为该如何证明两边重量不相等呢？"
"啊？"

February 21

若这样对方就肯偃旗息鼓的话就令人欣慰了，若还是穷追不舍，就令人发愁了。归根结底，这时定义的不是"重量"，而是"重量的等值"与这个等效替代值的测定方法。也就是说，这个测定方法从根本上决定了天平平衡就意味着两边物体的重量相等。

"皇冠重几何？"这一问题的含义之所以清晰明了，其实也是因为我们清楚重量的测量方法。回答已知解题思路的问题并不需要思考。

何谓"体积"？

那么话题一转，"皇冠的体积"这一问题又如何呢？我希望各位能够也试着解释一下"体积"的含义。

这也不是一个简单的任务呢。举个例子，棉花一捏就会变小，那么"棉花的体积"之类该怎么算？（有一个叫作哈基米德的人，为测量被子体积来回答妻子"这个被子晒干后会膨胀多少呢"这一问题，效仿阿基米德将被子浸入了水中，结果被妻子骂得狗血淋头。话说其实没这回事吧。）

February 22

归根结底，正如上文的体积，明确体积等效替代值的测量方法与明确"体积"这一概念的含义这两件事是密不可分的。阿基米德思考出测量皇冠体积的方法之前，"体积"这一概念也一直是模糊不清的。

这也说明了"皇冠体积几何"这一问题被提出时其实并不拥有明确的含义。而在阿基米德开辟出道路之后，诸如此类求各种物体体积的问题才像测量重量一样拥有了明确含义。当然被子又要另当别论。

问与答之螺旋

确实如你所言，并不是所有问题都会遇上问题悖论。但我想那些需要思考的问题，恐怕还是逃脱不开这一悖论的。

思考就是要寻找出事物间存在的、以往从未曾察觉到的、全新的联系。就像是皇冠体积与浴缸里的水之间的联系一样。正是这个全新的联系赋予了"皇冠体积"这一问题以意义。因此，只有在找到答案之后，问题才会显现出真正的形态。

思考问题，就是质疑问题本身。研究问题本身与寻找问题答案这两条线索缠绕成螺旋状。越接近答案，相应的也就越接近问题本质，也就更加接近答案。如此不断前进。

与其说问题的悖论是让我们动弹不得的咒语，不如说正是它在不断推动我们的思路前进。

问题的诞生

问题是如何诞生的呢?
咦,你问我为什么要问这种问题?
哈哈,这确实是个问题。

February 23

我已经不记得第一次仰望夜空，第一次看到星光时的情景了。那时的夜空与星光到底是怎样的一幅画面呢？

想必那时的我不会认为星星像苹果、桌子一样是某种物体，那时的星星对我来说只是光，也说不定是夜空上坑坑洼洼的小洞。

糟了，这些话似乎有些突然。其实我试着回忆夜晚的星空，是为了寻找问题诞生的现场。

行星问题

人类观测天体时，星星就漫步于夜空中，虽然中途会伴随着晨曦掩去身影，但第二天晚上，同样的星星又会照旧出现于夜空。人类就是基于这一认知来追踪同一颗星星的轨迹。此时星星在人们眼中已成为了某种物体，它们即使会沉入地平线下，但并不会消失。

在我看来，将每一点星光都作为一个个体，兢兢业业地追寻其轨迹这份努力实在是不可小觑。这份努力让我们知道了夜空的星星是在做圆周运动，也知道了其中有一颗星并不移动。那颗星就是所有做圆周运动的星星的中心——北极星。

话说，还有一些星星的运动轨迹与众不同。它们向东行进，穿梭于星座之间，还会定期向西移动。于是这些星星被命名为"惑星（行星）"。困惑之星。其英语"planet"一词，其实就来源于希腊语中的"流浪之人"。也就是说，从前观测宇宙的人们认为这些星星是在

"流浪彷徨"，觉得十分不可思议，于是对其成因产生了疑问。换句话说，问题就诞生了。

问题背景

经历了漫长的时间后，问题诞生了。原来如此。原来问题要花费大量时间去酝酿，而不是一朝一夕。我亲爱的读者，即使只是你在某个意外的瞬间不经意地想出的问题，其实也是历经了长时间酝酿所成。

上文的例子中，行星为什么作为"流浪彷徨之星"被列入研究对象了呢？是因为人们认为"大部分星星在做圆周运动"。问题诞生自行星的"与众不同"上，那么问题诞生的前提其实就是找到一般规律，也因此耗费了漫长的时间。

举个例子。假设你回到了有一段时间没有居住的房间中，某种异样感让你觉得似乎有人进来过。虽然这个疑问诞生于进入房间的瞬间，但它之所以成为问题，正是因为你在这个房间中生活起居过一段时间。若是进入完全没进去过的某个房间的话，无论房间如何都可能是其原本的状态，完全不构成问题。

打破常态的前提是要先有一个常态。

因此，即便是同样一个问题，问题的含义也会根据问题的背景而变化。举个例子。

"为什么世上存在男性与女性呢?"

这个问题或许来自一名失恋的基督徒。那么问题的含义就是:人类为世上存在两性而痛苦不堪,上帝啊,您为何要造出男性与女性两种性别呢?

或许来自一位发现无性繁殖普遍存在于自然界的生物学家。那么问题的含义就变成:明明有性生殖如此耗费时间和精力,到底人类为什么要有两种性别呢?

不然,或许来自一个懵懵懂懂地闯入男女混浴浴场的人。那么问题的含义……呃,自然会有对应的含义。

反过来,若没有任何问题背景,只是试着造些疑问句。那么这些根本不能被称之为问题。假如某个人心不在焉地嘟囔"天为什么是蓝的",若想证明这是一个有意义的真正的问题,那么就必须证明问题背后拥有丰富翔实的问题背景。

都怪这,我明明经常提出一些深远的问题,却被骂笨蛋。

没有疑问的世界

假如世上存在一个能够全盘接受一切事物的人,那么对于这个人来说就不存在任何问题。

从这个角度来说,我都想说"世上本无任何问题"了。但这句话实在经不起推敲,过会儿必须重新修改一下咯。

February 24

只要我们不去认为行星特殊，那不就是理所应当的嘛。只要国王不去质疑工匠交出的皇冠，那么问题也不会从中诞生。至于这个物体的体积是否与那个相等这样的问题，我们只要笼统地说"这就是这，那就是那"也就不再成为问题。体重计也是，只要我们不与他人攀比，无论胖瘦都悦纳自己，那么或许就再也不会纠结于体重了吧。

我亲爱的读者，你说介意体重其实也有健康上原因？

这样啊。

但即便是疾病，只要全盘接受就也不再是问题。假如世上所有人天生患有糖尿病，那么即使人类寿命比如今短暂也是很正常的，根本谈不上什么"短命"。

但我们必须慎重思考一个问题：到底何谓理所当然地接纳所有事物。若一切事物都是天经地义的话，世上便再也不存在打破常规这种行为，因为这本就是一个没有条条框框的世界。任何规则都有例外，但没有规则何谈例外，理所当然地接受一切事物只意味着抛弃秩序与规律。虽然我倒是有点憧憬这种状态。

假如看到划过夜空的星星时，只笼统地将之视为光芒，那样就不会存在"惑星（行星）"之类的概念了。为什么某些星星成为了"惑星"呢？正是因为人类试图观察星星转动的规律，从而发现大多数星星在做圆周运动，而这些不走寻常路的星星的行为却无法被归入已知的规律。于是人类踏上了继续探求其规律之征程。

问题的诞生与规律有关。常规被打破时产生了问题，而人类为了修补常规解决问题。人类虽生活于不完美的规则中，却永远无法停止追寻规则的脚步。也因此，问题源源不断地出现于我们眼前。

February 25

问之形　061

学得越多,问题越多

掌握解决问题的知识与技术虽然也是学习的意义之一,但并不是学习的本质。亲爱的读者们,我们孜孜不倦地从书籍与课堂中汲取知识,学习人类至今发现的各种规律与道理。随着不断地学习,我们了解了各种规则。也因此逐渐看到了以往看不清看不到的"违反常规"之事物。也就是说,学得越多,能够发现的问题越多。

学习了规则,就必须把目光投向违反常规的事物。学会了将自己置于某个条框中,也就必须掌握让自己挣脱这个条框束缚的能力。

实际生活中,越是专家越能提出深刻尖锐的问题也就是这个道理。

沿用上文例子。若想要问出"人类的生殖方式为什么是有性生殖"这样的问题,就必须以一定深度的知识与理论为基础。而像是"星光为何没有填满夜空、夜空为何黑暗"这样的问题,寻常人也是不会想到的。

夜空为何黑暗?

那么让我来稍微聊一聊"夜空为何黑暗"这个问题吧。

我的讲述可能略为凌乱，亲爱的读者们，放轻松看就好。

首先希望你们知道三个前提：

（1）这个问题提出于十九世纪，当时人们认为宇宙无边无际。

（2）光强随距离衰减，与距离的平方成反比例关系（咦，别一脸嫌弃啦，放轻松听我讲）。

（3）假设星星均匀分布于宇宙中，又因为球面面积与半径的平方成正比，所以球面上分布的星星的数目也就理所当然地与距离（半径）的平方成正比。

最后综合这三点，增加与衰减相抵消，结论就是无论远近，星星传递的光线量是相同的。也就是说，近处的星星虽光线较强但数量少，而远处的星星虽光线较弱但胜在数量多，所以最后是一样的。

这样一来，从遥远的宇宙深处传递来的光线与近处相同，再假设宇宙无边无际，那么夜空理应被星光填满。然而夜空却是一片黑暗。

这到底是怎么一回事呢？

"所以宇宙是有边界的！"呃，这种回答很久以前说说还可以，在十九世纪的话可就太需要勇气了。

星星为何闪耀于夜空？

亲爱的读者，我颇为喜欢这个话题，所以请允许我稍微再聊一下吧。

那么假如宇宙有边界的话,"夜空为何黑暗"这个问题就能得到解决了吗?并不能。现在还有一个相反的问题:"为何夜空中闪耀着无数的星星?"

光强随距离减弱,与距离的平方成反比例关系。因此遥远的星星传递到人类眼前的光线应该是极为微弱的。但这个光线竟然可以为肉眼所观察到。

February 26

这到底是为什么呢？

二十世纪，这个问题依据爱因斯坦的理论得到了解答。据悉，光强的变化并不是连续不断的线性变化，而是点状变化。因此无论光线衰减至多么微弱，只要不低于某个最小值，就勉强可以为肉眼捕捉。也因此人类能够看到距离极为遥远的星星。

但这样说的话，那么"我们应该能看到更多更多的星星啊"，刚才的"夜空为何黑暗"这个问题就再一次死灰复燃了。而就连爱因斯坦也没能解释出这个问题。

解决了这个问题的是"宇宙膨胀说"。随着宇宙不断膨胀，星星逐渐远离了地球。你看，就像逐渐远去的救护车的警报声越来越小一样（学名为多普勒效应），星光也随着远离地球而逐渐变得暗淡，直至再也无法为肉眼捕捉。

好啦，夜空中星星的话题到此为止。

呃，我想说什么来着？

想起来了！

问题不会脱胎于无知和混乱。若一无所知或毫无规律可循的话，问题也无从诞生。正是因为掌握了丰富的知识，汲取了多种多样的理论，才会发现问题。所以我说学得越多，问题越多并不是为了标新立异，而是指学得越多，就越能提出更多更为尖锐深刻的问题。

鼹鼠挖洞

小说家保坂和志将之比喻为鼹鼠挖洞：鼹鼠挖的洞越多，可以挖的地方就越多。我认为这个比喻非常生动形象。

但话说回来，鼹鼠到底为什么要挖洞呢？

鼹鼠："哎呀，我这样不停挖洞，真是太了不起啦！"

问："你每天都挖洞吗？"

鼹鼠："对呀，鼹鼠不分昼夜的嘛。"

问："所以，呃，冒昧问一句，哪里了不起？"

鼹鼠："因为我可以挖的地方不是越来越多了嘛！"

似乎有些可怜。不不，我可不只是说这只小鼹鼠。

虽然我想为鼹鼠作首诗，但还是算了吧。

3

你说逻辑思维？

有条理地散步？

"我们经常会用到'逻辑思维'这个说法对吧?"

"是啊,锻炼逻辑思维能力之类。"

"但刚才不是说'思考时做什么都可以'嘛。无论散步还是泡澡。"

"确实说过。"

"那么逻辑思维就等于有条理地散散步泡泡澡咯?"

"的确。"

"什么叫作有条理地泡澡?太扯了。"

"确,确实。"

"说点别的。"

"喵喵喵。"

"不是让你说这个……"

亲爱的读者们,思考吧。
然后让我们一起挖掘出"逻辑"的真面目!

February 27

逻辑是为了不思考而存在的

唉,我知道这句话说得太过了,但还是想说:"逻辑就是为了不思考而存在的"。

亲爱的读者,你问我:"为什么?怎么回事?你胡说什么呢?"

请稍安勿躁。

举个例子,如果问我们"周四的下一天是周几",所有人都会毫不犹豫地回答"周五"吧。这其实十分"合乎逻辑"。这个问题并不需要"思考"。

那再换个问题吧。问:"今天是周四,那么100天后是周几呢?"这个问题又如何呢。什么,你说"周日",为什么?

"因为我觉得周日可以休息,我很喜欢。"

可以说是非常不合逻辑了。

或许有些人会掰着手指查一查。虽然麻烦是麻烦了点,但合乎逻辑。然而这也不能叫作经过思考得出的答案。

已知每过七天都会循环回到周四,那么10个7天的话就是70天,又有4×7=28,循环14次后的周四就是第98天。最后还是掰手指数吧,

99周五，100周六。所以100天后就是周六。这就是解答方式。

这样做虽然合乎逻辑，但究竟能被称为"思考"吗？

若事先已经有了解题步骤，只需计算就可得出答案，那么这并不能称为"思考"。计算无论有多么复杂也只是计算，并不是思考。解答像"12+35"这样简单的加法并不需要思考，同样的即使是"57647953549987218+8388492123875"这样的加法也并不需要思考（根本就没有回答的必要）。

计算复杂的算数问题并不是"思考"。无论是多么复杂的计算，电脑都能迅速运算出其结果，这并不是思考。

计算只有一条道路，思考则是行走于岔路上，或是行走于没有道路的灌木丛中。若只有一条路的话，无论这条路有多么漫长，抑或是多么蜿蜒曲折，也只需哼着像是"……that leads to your door"之类的歌昂首前进。

February 28

逻辑也毫无疑问只有一条道路。因此沿着逻辑的道路前行并不能称之为思考。

不知为何，说到逻辑时，我们总下意识地想用"思考要有逻辑"之类的说法，虽然这大概是错的。

为什么呢？

何谓"逻辑"？

我来出个问题吧。

假设有人作出了如下论述，请判断他的话是否合乎逻辑。

鱼在水中游。
沙丁鱼在水中游。
所以沙丁鱼是鱼。

这就是所谓的"三段论"法，由两个前提推断出一个结论。而这个三段论的前提与结论都是十分正确的。那么难道只要前提和结论都正确就合乎逻辑了吗？也不尽然。

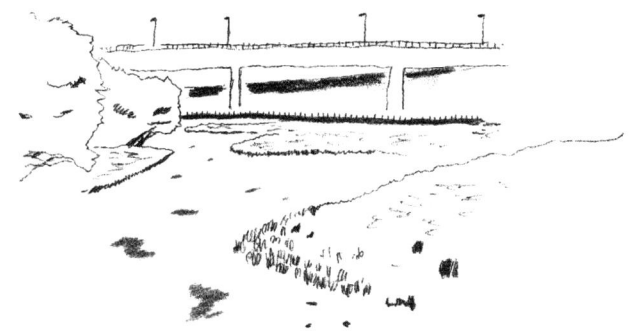

March 1

是否合乎逻辑，取决于前提与结论间推导过程。至于前提与结论正确与否，并不关乎逻辑。

然后，如果这个推理是正确的，那么即使将上文中沙丁鱼替换为海獭也理应成立：

鱼在水中游。
海獭在水中游。
所以海獭是鱼。

但这个推论果然就说不过去了。所以刚才那个推理的前提与结论虽然都没有问题，但逻辑并不正确。

如果帝王蟹咩咩叫

让我们来看下一个问题，判断其是否合乎逻辑。

帝王蟹咩咩叫。
北海道的羊不咩咩叫。
所以北海道的羊不是帝王蟹。

我想这个问题的结论大概是对的，但前提是错的。话说我可不想穿帝王蟹毛衣。即使是毛蟹毛衣也无法赢得我的青睐。对啦，亲爱的读者，你知道帝王蟹与毛蟹不同，其实不属于螃蟹吗？又跑题了，让我们回到正题上吧。

你或许会认为这种由错误的前提推导出正确的结论的推理毫不合乎逻辑。

那就大错特错了。

让我再重复一遍吧，前提及结论的正确与否和逻辑的正确与否完全是两码事。

所以验证一个问题是否合乎逻辑时，并不需要在意其前提与结论是否属实。其他暂且不提，假设帝王蟹咩咩叫，那又如何呢？那就意味着不咩咩叫的一定不是帝王蟹。而北海道的羊不咩咩叫，那么这两个前提结合起来确实可以推导出北海道的羊不是帝王蟹这一结论。

这是因为两个错误的前提负负得正，错误被抵消，就得出了正确的结论。

总结一下到此我们得出的经验教训：

逻辑取决于前提与结论间的推导过程。

前提、结论的正误与逻辑的正误是两码事。

记住了吗？

"近吾者斩！"

我刚才举了一个例子。

鱼在水中游。

沙丁鱼在水中游。

所以沙丁鱼是鱼。

或许刚才有读者曾觉得这合乎逻辑。那么对逻辑学略通一二的人会得意洋洋地嘲笑："你们这些笨蛋，啊哈哈哈。"呃，或许不会说"啊哈哈哈"吧。或许还会乘胜追击，炫耀："这就叫作肯定后件式谬论了！"

我再举一个例子。请判断以下推理是否正确。

有的中年男性身体健康。

有的哲学家身体不健康。

所以并不是所有中年男性都是哲学家。

其实不应该这样一上来就抛出一个问题，然后要求读者回答的（虽然我自己没少这样做）。

你必须知道一件事情。或许你认为自己完全理解了像是"鱼在水中游"这句话的含义，但事实并非如此。

还有一个有些不同的例子："近吾者斩！"我曾见别人用过这个例子，颇为欣赏（找到了找到了，就是这本书。市川伸一《思考的科学》中公新书）。

某本逻辑学书籍中是如此描述蕴含逻辑的：蕴含逻辑对条件情况外结果不作任何说明。比如父亲说"要是晴天，就去动物园"，然而明明下雨了，却兴致勃勃地带大家去了动物园。这并不意味着父亲是个骗子，书中如此写道（其实就是我的书，哈哈）。

虽说如此，若是一名武士说："近吾者斩！"然而却又挥刀砍来："吾虽言近吾者斩，然未言不近吾则不斩。"想必你一定会觉得他是个混蛋吧。

"近吾者斩"其实意味着"靠近=被砍"，那么自然"不靠近=不会被砍"。也就是说，这句话并不是逻辑学教材上的蕴含逻辑，而只是一句普普通通的日语（虽然平时很少会用到这句话……）。

若"鱼在水中游"这句话加上"鱼=水中游的"这一条件的话，那么沙丁鱼推理就也合乎逻辑了。

因此若是见到"鱼在水中游。沙丁鱼在水中游。所以沙丁鱼是鱼。"这样的推理，首先应该做的就是问清楚推论的前提。

我们真的如此不擅长逻辑推理吗？

那么若是将这个问题的推导过程描述得更为详细呢？

所有鱼都在水中游。

但水中游的未必是鱼。

而沙丁鱼在水中游。

所以沙丁鱼是鱼。

假如一个人刚说完"发光的未必都是金子",转头就说"这个硬币闪闪发光,所以它一定是金子"的话,想必你会觉得这个人实在是胡说八道,对吧?

若是问题叙述得如上文一般详细的话,想必我们也不会掉入陷阱。因此,我认为有些读者之所以落入了第一个推论的陷阱中,或许,不,多半仅仅是因为没有搞懂前提条件。其实我们并不像某些天花乱坠的"训练逻辑思维能力"的书中所讲的那样缺乏逻辑性。我虽想这么解释,但是……

- Cleanser
- Dust Bag
- Toilet Paper
- Tissue Paper
- Ketchup & Tabasco
- Tooth brush
- Blue cheese

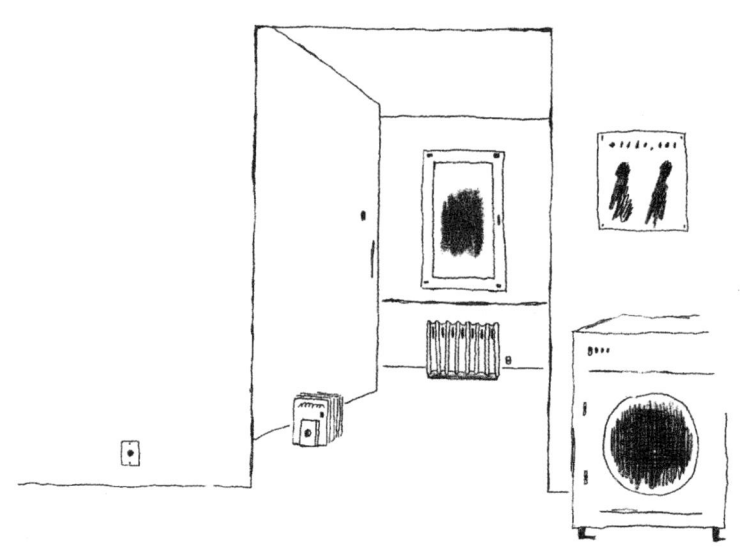

March 2

若是我们这样表述中年男人与哲学家的问题,怎么样呢?

有的中年男性身体健康。
但或许有的中年男性身体不健康。
有的哲学家身体不健康。
但或许有的哲学家身体健康。

综上所述,是否能推导出有的哲学家不是中年男性这一结论呢?

呃,估计大家多半都会回答"不可能"吧。如果再给问题瘦瘦身,去掉"或许"的话,这个答案会显得更加清晰。

中年男性中既有身体健康的,也有不健康的。
哲学家中既有身体健康的,也有不健康的。

那么,试问能从这两句话中得出有的哲学家不是中年男性这一结论吗?

亲爱的读者,我想你也会觉得这简直是一派胡言。对吧?

明确前提的含义后,结论自然会浮出水面。而若是推导出了其他结论,就说明逻辑链有断层。

我在上文中强调过"前提的正误并不影响逻辑",重要的是"前提的含义",而不是"前提的正误"。只有从前提内容中提取出的结论才叫作合乎逻辑的结论。所以一定要钻研透前提,有不清楚的地方就打破砂锅问到底。

但是,询问当然也是要有的放矢的。接下来就让我来聊一聊这个话题吧。

从何问起?

不懂就问是件好事,但问题是到底该从何问起。

举个例子,假设你的面前有如下这样一个让你想从头问到尾的问题吧。

纯粹理性是先天的。
因果律是先天的。
因此因果律是纯粹理性。

怎么样,浓浓的"哲学"气息简直扑面而来。我虽然理解大家为了判断这一推理是否合乎逻辑而迫切想要追问"纯粹理性""先天""因果律"是什么的心情,但这些提问都偏离了验证其是否合乎逻辑这一主旨。

反过来，说些"这个推理不合乎逻辑。要说为何，因为因果律中的'变化'这一概念来源于经验，因果律即便是先天的也不能算做纯粹理性。"之类的话也是偏离主题的。这样说虽然似乎很厉害，但其实毫无意义。

其实这个推理与上文中的沙丁鱼推理是一样的。让我们来对比一下这两个推理吧。

鱼在水中游。
沙丁鱼在水中游。
所以沙丁鱼是鱼。

判断沙丁鱼推理是否合乎逻辑时，追问"沙丁鱼是什么鱼"就偏离了问题的要点。同理，判断这个推理是否正确时追问"纯粹理性是什么"也无异于缘木求鱼。

March 3

我虽然强调过，想要判断推理的正确性就必须搞清楚前提的含义。

但这与"沙丁鱼""纯粹理性"的概念是风马牛不相及的。当然更不用提与"沙丁鱼的纯粹理性"之间更是毫无联系。

那么我们到底该明确些什么，又要从何问起呢？

那就是上文中所提到过的，叫作"关键"的地方了。

推理的形式

无论是沙丁鱼推理，还是纯粹理性推理，其实都可以归纳为以下形式：

A是B。

C是B。

所以C是A。

我亲爱的读者，请你翻到前面几页确认一下。

确认好了吗？

那么继续。这个推理是否合乎逻辑与A、B、C无关。无论将任何东西填入其中，也无法弥补这一推理逻辑上的漏洞。

这样一来的话，咦？

既然说要搞清楚前提的含义，那么姑且撇开"所以"，这样一来这个推理剩下的不就只有"是"这一个字了吗?是的,就是"是"。

确实如此。

这个推理正确与否就取决于,且仅取决于"A是B"的这个"是"字。

同样的"A是B"式论述,既可能像"近吾者斩"一样意味着"靠近=杀死"[1],也可能如"沙丁鱼是鱼"一样意味着"沙丁鱼属于鱼类",因此必须明确其含义。而明确其含义后,推理的逻辑也会随之水落石出。

要把握推理的本质,其实就是要找出与其逻辑有关的关键词。

只有一个"是"字为例的话未免有些孤单,我亲爱的读者,让我们再找几个例子吧。

---

[1] 译者注:此处日语的"是"起提示主语的作用,与中文中"是"用法不同。

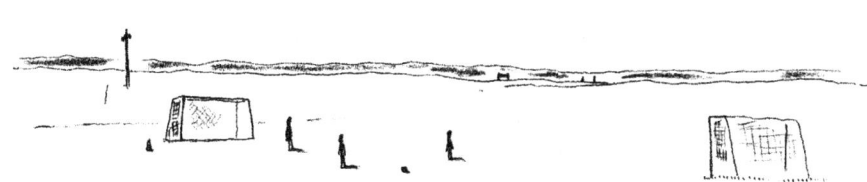

March 4

逻辑与语言

问：请找出以下逻辑推理的关键词。

拟橙盖鹅膏或死亡帽（毒鹅膏）有毒。
拟橙盖鹅膏无毒。
那么死亡帽有毒。

这个逻辑推理可以归纳为：

A或B。
不是A。
因此是B。

上文推理中A代表"拟橙盖鹅膏有毒"，B代表"死亡帽有毒"。说句题外话，据说拟橙盖鹅膏虽然常呈现猩红等艳丽的色彩，是一种非常美丽的蘑菇，表面看起来身怀剧毒，但其实颇为美味。听说其最初呈白色蛋形，随着成熟会"孵化"出猩红色的伞盖呢。啊，真想亲眼看一下。

快别说这些题外话了。

回到正题。若为这种形式的推理,那么关键词就是"或"与"不是",而不是什么"拟橙盖鹅膏""死亡帽""有毒"之类。

"或"表示至少有一方成立。那么"不是"A的话就是B。

诸如"是""或""不是"这样无论论述任何问题时都会用到的语言,其逻辑是非常关键的。逻辑学其实研究的是不从属于特定范畴的、具有普适性的逻辑,因此这些词就是逻辑学舞台上的主角,重要到其至仅彻底研究"或"与"不是"都能成一门"命题逻辑学"了。毕竟亚里士多德的逻辑学说也就是在深入探讨"是"与"不是"。

但并不是说逻辑只与逻辑学用语有关。任何语言都与逻辑有关。因为所谓逻辑,就是从前提包含的信息中推导出结论。而语言只要拥有含义,我们就能依照逻辑从中推理出某种结论。

叔叔推理

举例来说,让我们看看下一个逻辑推理。

那个人是我的叔叔。
所以他年龄比我的爸爸小。

这个逻辑推理关键在于"叔叔"一词，也就是所谓"叔叔"推理。

我最初本想设计一个正确的推理（因为比爸爸年龄大是伯伯，年龄小是叔叔），但结果却似乎事与愿违。

为什么呢？因为这里的"叔叔"说不定是我的表叔，而仅凭逻辑又无从得知我的父母谁更为年长，所以自然存在"叔叔年龄比爸爸还大"这种可能性了。这可让我长了个教训：所谓逻辑，就是要摒弃主观臆断，准确把握信息含义。亲爱的读者，你明白了吗？（不不，错的是我。）

因此，逻辑的本质其实就是"准确把握语言含义"。

什么？你说这结论太没意思了？

那都是因为你将"逻辑"想得太高高在上、艰深晦涩，觉得它跟自己扯不上关系。即使这个结论可能真的简单枯燥，但我们并不可忽视其价值与意义，与其简单将其归于无聊乏味，不如说……呃，好吧，其实你没说错。

骰子问题

接下来，让我们来讨论一个可能会出现在小升初之类考试中的问题，借助这个问题来看一看逻辑在我们思考时到底起了什么样的作用吧。

问：如图所示，一个骰子的六面分别被涂上了白色、黑色、红色、蓝色、黄色、绿色，那么红色的对面是什么颜色呢？

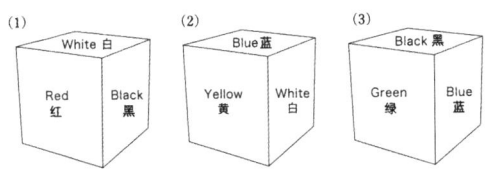

我们应该怎样着手分析呢？

既然（1）（2）（3）这三张图是问题的前提条件，那就让我们依照逻辑分析一下条件中信息吧。

由图（1）和图（2）可以看出：

图（1）和图（2）均有白色面。

由图（1）易知白色与红色、黑色相邻。

由图（2）易知白色与蓝色、黄色相邻。

而骰子每个面都有四个面与其相邻，所以与白色相邻的就是以上四种颜色。又因共有六种颜色，那么剩下的就是绿色。

所以，白色的对面一定是绿色。

在图（1）(3)、图（2）(3)中重复以上步骤可知：

图（1）与图（3）均有黑色面。黑色与白色、红色、绿色、蓝色相邻，所以黑色的对面是黄色。

图（2）与图（3）均有蓝色面。蓝色与黄色、白色、黑色、绿色相邻，所以蓝色的对面是红色。

蓝色的对面是红色，那么反之亦然，红色的对面是蓝色。

这就是答案。

虽然是事后诸葛亮，但其实回答问题只需分析图（2）与图（3），也就意味着图（1）在这个问题中是多余的。

其实大多数诸如此类的问题棘手之处并不在于前提条件信息缺失（缺失的话就推导不出答案了），而是在于题目中充斥着的冗余信息。因此我们必须取其精华，只对有效信息进行分析讨论。

逻辑这个废物

那么接下来，才是我们真正要考虑的问题。

若真的"仅凭逻辑"解答的话又会如何呢？

March 5

按照逻辑，我们从图（1）中可以得出以下信息：

有三面看不到。
白色对面是蓝色、黄色、或绿色。
黑色对面是蓝色、黄色、或绿色。
红色对面是蓝色、黄色、或绿色。
白色与蓝色、黄色、或绿色相邻。
黑色与蓝色、黄色、或绿色相邻。
红色与蓝色、黄色、或绿色相邻。

这些信息几乎是无用的。
然而逻辑还能引领我们找到更为无聊的信息：

白色的对面不是紫色。（以下省略。）
白色与红色或粉色相邻。（以下省略。）

我来稍微解释一下最后一句。因为已知"白色与红色相邻"，因此按照逻辑也可以推导出"白色与红色或粉色相邻"这一结论。毕竟"或"命题只需其中一方成立即可。因此虽然或许有人会质疑粉色从而何来，但这根本无所谓。
更为无聊的结论也是可以推导出来的。

因为已知"白色对面不是紫色",所以也可以给出"如果白色对面是紫色,那么猪排就会发出猪叫声"这样的命题。因为命题条件是错误的,所以结论自然百无禁忌。当然也可以给出"如果白色对面是紫色,那么鸡排就会咯咯哒地叫"这样的命题,"鸡排会发出猪叫"也未尝不可。

好了,姑且让我们忽视这些过于不着边际的命题,将范围缩小到仅与骰子表面颜色是白色、黑色、红色、蓝色、黄色还是绿色有关吧。即便如此,我们也会得出许多无用的信息。像电脑,就是一股脑找出所有相关信息,直到得出红色对面的颜色这一信息后才会停止运算。当然这也不失为一种办法。

而且这纯粹依照逻辑。

但我亲爱的读者,这并不能被称之为"思考",对吧?

所谓"纯粹依照逻辑",其实就是完全放弃了"思考"。"逻辑就是为了不进行思考而存在的"。

果然我还是想这么说。

思考中的逻辑思维与非逻辑思维

在刚才的骰子问题中,我们注意到了图(1)与图(2)中都有白色。这一点就成为了突破口。随后我们又注意到白色与黑色、红色、蓝色、黄色这四种不同的颜色相邻,于是就顺藤摸瓜找到了答案。

无论是注意到两图中都有白色这一点,还是注意到已经有了五种不同颜色这一点,都叫作"观察"。

这个问题的解题思路就建立于观察与逻辑之上。

然而所谓"观察",其实可以有无数对象去观察。比如图(1)白色面在上,比如图上两边是否相等,再比如用直尺和量角器测量边长和角度度数,有太多太多可以观察到的无用信息。

或许问题的思路确实依赖于观察与推论,但判断观察结果与推论是否有价值的既不是观察也不是推论。无论是选择哪些观察与推论,还是选择将之如何排列组合,都已经不是逻辑所能决定的了。

于是"思考",就在此时粉墨登场。

面对问题,你竖起耳朵捕捉着"尤里卡"的呼唤之声。这种时刻,即使观察到的某个信息并不会自告奋勇地挺身出现于你的眼前,却能撩拨到你敏感的琴弦,发出微弱的信号,告诉你:是它。或许就是它了。

观察结果与规律逻辑是解答问题时不可或缺的原材料。但这些原材料必须经过筛选与整理以适应具体问题。而所谓"思考",就是边等待着"尤里卡"的到来,边不断地进行筛选与整理这项工作。

已经成形的答案中,观察出的条件与推导出的结论环环相扣,给人一种强烈的"逻辑推理"之感。但我亲爱的读者,你可不要被骗到。所谓成形的答案，不过是将思考的结果按照逻辑进行整理而得来的。

逻辑推理与运算并不是思考。思考负责的是以解决问题为目的，对这些推论、计算甚至是各种观察到的信息进行取舍与整合。所以无论电脑有多么擅长复杂的运算，无论将来能够更新换代到能够运行多少逻辑推理，只要它还不懂得这些行为背后的含义，那么这就不能被称作思考。

如果电脑某天开始问"我为什么要进行这些运算呢"，那么或许就可以说电脑也会思考了。

反过来说，无论我多么不擅长数学，多么不擅长推理，多么缺乏观察能力，只要我还没有失去面对问题时的紧张感，那我就是在思考。似乎颇有些奋不顾身之意呢。

电脑是不会拥有这种感情的，对吧？

没有语言就无法思考

有"没有东西"的房间吗?

有"没有的东西"吗?

啊,我是想说——

我亲爱的读者,你知道这幅画画的是什么吗?

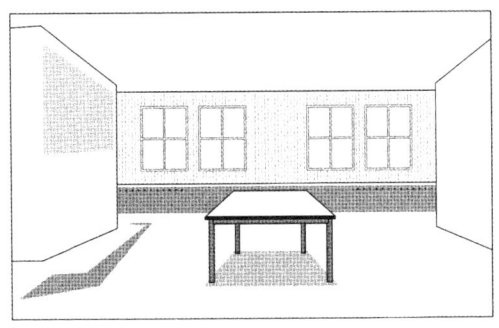

或许你搞不懂我在问些什么。这幅画可以表达很多内容,比如:

虽然我个人看来这是一幅叫作"没有熊猫的房间"的画,但它当然也可能叫作"没有喷泉的房间",或是"没有金山的房间",或是……

所以这幅画的主角有很多种可能。

March 6

让我们放眼望望这世间吧。你瞧,世间"不存在"任何否定之物,存在的只是存在于世间之物。

寻找"没有"的年轻人的故事

从前有一个年轻人,不懂得"没有"是怎么回事。

于是他向村里的一个和尚问道:

"您能告诉我'没有'是什么意思吗?"

和尚答道:

"你明天起床了好好观察一下身边,找找看'没有'吧。家里找不到的话就去村里找。最后日落后再来我这里一下。"

第二天,年轻人按照吩咐开始寻找"没有"。但直至日落也没找出个结果,于是年轻人前去找和尚:

"我找过了。但到处都没有。是不是村里没有呢?"

和尚微微一笑:

"现在有了。"

否定的神奇之处

我刚才也不慎如此说道:"让我们放眼望望这世间吧。你瞧,世间'不存在'任何否定之物,存在的只是存在于世间之物。"说完后,才发现里面混进去了一个"不存在"。

但这就不对了。这不说明有否定之物吗?那么这一瞬间"不存在"就不再成立了。哎呀不好,这不就乱套了嘛。

否定的神奇之处:
有"没有"。
借助否定,我们可以描述不存在于此时此地的事物。

举个例子,假设我们进入书房时发现桌子不见了。这已经不是说什么"奇怪"的时候了,应该说"咦,桌子怎么不在这里?!"想必我不必进行推测或推理也能"看出"桌子消失了这件事。

然后我也可以给没有了桌子的房间拍张照片。但并不是所有人都能看懂这是一张"没有桌子"的照片。如果我不做一句解释的话,说不定有人还会说:

"咦,没有熊猫呢!"
——胡说八道。

但是只要给照片配上文字,所有人就都能明白了。只要说"这个房间没有桌子,对吧?"那么所有人都会附和"确实"。你说这很稀松平常?难道你没有从中感到一些奇妙之处?

否定依赖语言来表述。而且我还想说没有语言就没有否定。但这句话必须放在一个更大的话题中讨论。

算啦，就让我们慢慢前行吧。

动物也会思考吗？

问："动物也会思考吗？"
答："不知道。"

因为我又不了解动物嘛。虽然我既养过狗，现在又正在养猫。想必大多数饲主们都会倾向于说并不是只有人类会思考吧。但我是个将人类与人类以外的动物划分得很清的人，因此我倾向于认为只有人类会思考。

现在这里有一个很有趣的问题，姑且让我们一起来看看吧。

曾有一个黑猩猩取香蕉实验。在空房间的角落上放上数个箱子，天花板上悬挂上香蕉。然后让饥肠辘辘的黑猩猩进入这个房间。黑猩猩无法通过跳跃来抓到悬挂于高处的香蕉，而箱子又放在与香蕉有一段距离的角落上。哎呀，这可真是坏心眼。

March 7

实验中，大多数黑猩猩都只是在徒劳地重复跳跃这一动作，但其中有的黑猩猩却中途停止跳跃，开始在房间内转来转去，像是在深思一般（我看的书中是这样描述的）。过了一会儿，它们搬来了箱子垫着箱子取下了香蕉。据说它们还会通过或是将箱子竖立起来，或是将箱子堆起来增加高度呢。

这倒是让我倾向于说它是在"思考"了。

但我想讨论的并不是它们是否真正在思考，而是我们说"它们在'思考'"时，这句话本身的含义。

若是香蕉正下方放有高度合适的箱子，黑猩猩只是敏捷地爬上箱子轻松摘到香蕉的话，我们一般不会认为它经过了"思考"。但是这又是为什么呢？

让我们来设想一个这样的实验吧。虽然我并不十分了解黑猩猩，这个实验可能经不起推敲。假设我们把香蕉放在屏风后。用其他黑猩猩喜欢的气味更为浓烈的榴莲之类替代香蕉也可以。然后让黑猩猩进入房间。黑猩猩虽然看不到食物，但可以嗅到其气味（这样一说，榴莲会让整个房间都充满臭味，反而可能不行呢）。黑猩猩嗅了一会儿后走向气味来源，发现了屏风后的香蕉或是，呃，榴莲。可喜可贺。

这种情况下，我们也不会认为黑猩猩经过了思考。

为什么呢？

前段时间看电视的时候，电视上正在播放一个有关白蚁的实验。实验中白蚁一直沿着圆珠笔画出的线爬行，即使那是一条画得歪歪扭扭的线。让我觉得非常奇妙。原来这是因为某种圆珠笔的墨水的原材料与白蚁的信息素极为相似。又因为白蚁讨厌油性墨水，于是用油性墨水遮断圆珠笔线。然后在惊慌失措了一段时间后，有的白蚁原路返回了，有的白蚁则发现了油性墨水另一边的圆珠笔墨，于是爬到了对面。

但白蚁也并不是经过思考来决定行为的，对吧？

这是为什么呢？

思考？自动设备？

这是因为无论是循着气味找到香蕉，还是循着信息素前进，都其实只是对环境中刺激产生反应。也就是说与自动门感应到人类重量而自动开门的原理相同。

我亲爱的读者，你认为"会思考的自动门"是什么样子呢？

人站到面前半天了也只顾嘟囔些"嗯……""呃……"，迟迟不开门吗？

……这可不行。这只能叫作反应迟钝的自动门。话说大恐龙踩到自己尾巴估计也要反应一段时间才会感到"好痛！"吧？似乎不对？

算啦，让我们转回正题。会思考的自动门会是什么样子呢？总之跟反应迟钝是两码事。

缺少了某种关键条件的话就无法称为"思考"，而应外界刺激作出行动并不是这个条件。

像是箱子放于香蕉正下方这种情况下，黑猩猩其实也只是应外界环境刺激爬上箱子拿到了香蕉，这种感觉颇为强烈。我亲爱的读者，想必你不会认为这是"思考"吧？

那么专门去搬放在角落的箱子能够算作"思考"吗？难道不也只是应外界环境刺激而作出的行为吗？

什么？你说它嘟囔了一会儿？

说不定只是它反应迟钝。

所以我真的不知道答案。不知道看起来深思熟虑的黑猩猩的行为原理是否其实与自动设备一样。我认为就连探寻"其实事实如何"这种问题的答案也是毫无意义的。

但至少我们第一次看到把箱子堆起来拿到香蕉的黑猩猩的话，还是倾向于认为它经过"思考"了。而这就意味着我们并不认为黑猩猩的这一行为是出于对外界环境的刺激产生的反射。

我们在讨论黑猩猩"思考"这一问题时，对黑猩猩多少采取的也是与形容人类时同样的表述。虽然黑猩猩不说日语，但它嘟囔的内容翻译成日语的话会是什么样呢？让我来试试想象一下吧。

香蕉!

咦?!

咦?!

咦?!

摘不到……

怎么办?

咦,那里放着……

说不定……

嗯!

说不定可以!

一,二,三!

嘿——呦!

哈!哈!

吧唧吧唧。

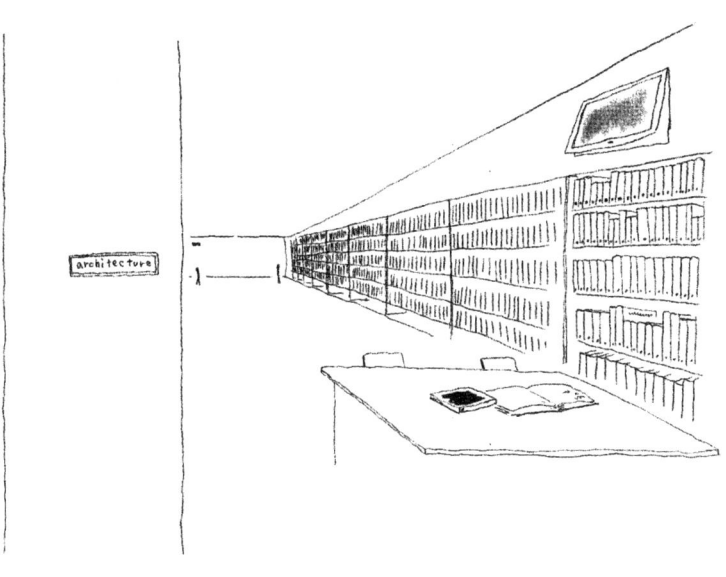

March 8

"说不定"的世界

黑猩猩话语中的"说不定"是一个关键。

这个词可不同于反应迟钝时的"唔……""嗯……"这个词让我们一举离开现实的条件反射,走入了"说不定"的世界中。若要我用术语来解释的话,就是这个词意味着从现实世界进入了可能世界中。而这并不是一去不复返,之后还要从可能世界返回现实世界中来,嘿呦嘿呦地搬箱子。如此一来"说不定"才成为了现实。也就是"哈!哈!"

寻找出愈多的可能性并进行尝试,而且这可能性愈是超越现实,我们就愈倾向于判断其为"思考"。

与此相对,沿着圆珠笔墨爬行的白蚁只是紧紧地追随着现实世界的墨水前进,而不拥有任何的可能性。

March 9

完全紧贴现实的话，就不会存在"思考"。摆脱现实世界是"思考"的先决条件。我们必须暂且离开现实的土壤，飞入可能性的天空，最后重新降落于现实。而语言就是支撑我们飞翔的翅膀。

那么下面我来聊一聊可能性吧。

茶杯逻辑上的可能性

桌子上有一个茶杯。那么这个茶杯拥有什么样的可能性呢？

我亲爱的读者，你刚刚可能在想这个问题真怪。可能性这一词语常被用来形容人的行为，表示"有能力做某事"。我会……呃……我会什么呢。

糟了，什么都想不出来。呃……对了！我会煎荷包蛋！但即使硬要求我百米跑入十秒内，我也不可能做到。可能性在这种情况下表示"能力"，但茶杯并不会动，因此它并不具备这方面可能性。

现在我想讨论的"可能性"并不是"能力"这个意义上的可能性，而是，呃，就是可能性。

现在这个茶杯可能放在我家客厅桌子上，但并不是只有这一个可能性。举一个最普通的例子，这个茶杯现在可能放在其他地方。另外，虽然当初买下这个茶杯的是我，但曾经也可能是别的什么人买走了它呢。再者，虽然现在茶杯里盛着红茶，但说不定也盛过海带茶。还有更为脱离现实的可能性，比如它说不定漂泊到了太平洋的正中央,上面还坐着一只小蟋蟀。更甚者,说不定从这个茶杯会不停地涌出红茶,起初虽然令人欣喜若狂,然而怎么喝都喝不完,即使倒掉也会源源不断地再流出来,终于整个日本都被淹没于了茶海中,等等。

这些就叫作"逻辑上的可能性",而不表示能力。从逻辑上的可能性角度来说的话,就连我都可以做到百米跑进十秒内。

茶杯逻辑上的不可能性

那么反过来当然也存在茶杯逻辑上的不可能性。茶杯不可能做到什么呢？……咦，这意外是个难题呢。要说可能性倒是能想到很多，比如喝完最后一口茶后茶杯就粘到嘴上取不下来了……别，这方面已经说得够多了。现在讨论的是茶杯做不到什么。

不由得都让我有点想说：茶杯的字典中没有不可能！这种话了。茶杯，可真是个了不起的家伙呢。

真没办法，只能举一个无聊的例子了。"现在茶杯在这个茶几上，且，不在这个茶几上。"也大概只有奇怪的哲学家才会这样说了。这句话明显是矛盾的，逻辑上不可能成立。

真的只有这种水平的例子了吗？"唔……茶杯做了个斗鸡眼表情。"嗯，茶杯这家伙可没有眼睛，有眼睛的话就不是茶杯，而是某种茶杯形新物种之类的存在了。

像是"画一个圆的四边形""已婚的单身人士"之类，在语言哲学上已经用烂的例子，或许就是典型的逻辑上不可能命题了。

其他还有诸如"新年第一天开始就是梅雨季晴天""感觉肩膀的腰很痛""位于千叶县的东京迪士尼乐园"这样的例子。啊，其实最后一个并不是。

梦与逻辑

我们经常听到有人说梦是没有逻辑的,但这其实是错的。梦中也不会存在违背逻辑的事物。"违背逻辑的梦"是什么样的梦呢?比如明明应该在家,打开门后却出现在了热带雨林,或者比如喝了一捧水后就返老还童了之类。不对,这些梦并不违反逻辑,只是不符合现实与自然规律罢了。若从逻辑上可能性角度来看,我可以酒池肉林随心所欲,猪也可以心旷神怡地在天上飞。

反过来,即使是在梦中也不可能遇到已婚的单身人士,或是画出圆的四边形,就连梦中也不可能出现不合乎逻辑的事情。世上并不存在不合逻辑的梦,梦也是彻头彻尾合乎逻辑的。

猪如何才能飞?

我们当然从未见过猪在天上飞,但却可以想象出这种情景。这其实非常了不起。

任何事物都处于某种情形中,并拥有某种状态。比如我们可以见到一头猪待在猪圈的某个角落或是睡觉或是哼哼唧唧地叫。但我们是不可能见到脱离情形与状态的猪——不在于任何地方的猪,或是既不在睡也不在叫的猪(虽说如此也并不是处于"无所事事"这个状态)的。同理也不可能看到一只身影已经消失了的猫还在咧着嘴喵喵笑[①](就连约翰·坦尼尔画爱丽丝的插画时也是将柴郡猫画得若隐若现的)。

顺便说一下,就像现实生活中的猪必然待在猪圈的某个角落中一样,猪圈也必然位于农场的某处,而农场又必然位于村庄的尽头。也就是说,我们眼前的情形是无限延伸着的。若要煞有介事地按哲学风格来解释的话,那就是:邂逅一头猪,就邂逅了全世界。

可能性世界的大门是否敞开,就取决于我们能否从这如影随形的现实中抽身而去。例如,见到猪在猪圈中睡觉这一情形时,我们把情形分割为"猪""猪圈中""睡觉"这三个零件。

不仅如此。若是将"鸟儿飞翔于森林上空"这样的情形解构为"鸟儿""森林上空""飞翔"这三个零件,又将"小孩在院子里跳舞"这样的情形解构成"小孩""院子里""跳舞"这三个零件的话,就可以利用这些零件重新排列组合出像是"猪在森林上空跳舞"这样的情形。

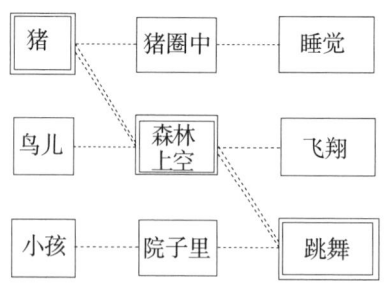

---

① 译者注:此处源自《爱丽丝漫游仙境》中对柴郡猫的描述:"(柴郡猫)慢慢地消失,开头消失的是尾巴,最后是咧着嘴笑,一直笑到整个身体消失为止。"

我们之所以可以想象出从未见过的情形，就是因为我们将见到过的情形解构为零件，然后又将这些零件重新组装了起来。

语言盆景

而这个时候起作用的，就是语言了。

这是因为，我们在讨论可能性时，使用的并不是实物。例如假设要给东京塔搬家，那么直接用东京塔来尝试可能的组合方案就太愚蠢了。而若是将东京塔直接搬入代代木公园的话，那么这就成为了现实，再也不是可能性。所以用实物来验证可能性的话，它就不再是一种可能性了。

所以我们在可能世界验证可能性的时候必须找到某种东西来替代实物。比如东京塔的案例，我们既可以使用模型，也可以使用平面设计图。但最为简便的其实是这个：

东京塔

这个词语，或者说这些字符就代表了东京塔。我们只需铺开地图，将图钉扎于地图上某处，然后宣告"这就是东京铁塔"，那么就意味着在可能世界中，东京塔已经被移至这个地方。在这里，"东京塔"这几个字与图钉起到的代表作用是相同的。

虽然或许略为晦涩难懂，但我亲爱的读者，希望你能再坚持一下。就像是"东京塔"这个词代表了东京塔一样，"代代木公园"这个词也代表了代代木公园，那么若是想在可能世界中把东京塔移到代代木公园，只需这样做即可。实在是手到擒来：

将东京塔建到代代木公园

你可以说这是用语言来造出盆景。
而在可能世界中，我们可以随心所欲地造出无数盆景。

把东京塔倒插入东京湾

怎么样？

March 17

这与用模型来验证别无两样。所以当然我们也可以实际制作出模型来验证各种可能性。然而像是"猪在天上飞"这样的模型，制作起来难度就大了。更不用说诸如"太郎爱着花子"此类，连该如何用模型表示都毫无头绪。

从这个角度来说，文字语言与声音语言就十分简便了。无论在任何情况下我们都可以用语言立刻描述出一个世界。而拥有了文字与语言的动物，也就拥有了一个充满无数可能性的世界。可以说，就像是随身携带着可以自由组装世界的零件一样。

开启可能性的语言

然而并不是所有语言都会带来可能性。比如即使某种动物拥有（声音）语言，有着"敌人来了""有食物"这样的表述，但只要它们不能将之打破重组，那么可能世界的大门也不会为它们敞开。即使遇到敌人会叫"敌人"，遇到食物会叫"食物"，这些词也都终究只是对现实的一种反映，而不具有开启可能性的力量。

反过来，即使不是声音语言与文字语言，只要某样东西能够成为用来肢解情形，并寻找各种新的排列组合的工具，就能够被称之为"语言"。无论那是动作、将棋棋子，还是树叶、空罐。虽然这些"语言"可能并不像声音语言与文字语言一样可以自由灵活地操控，但也拥有着开启可能性的力量。

我认为，没有语言就没有可能性。

若情形是一个不可被解构的整体的话，那么就只能表示现实。只有将其拆成零件后再尝试进行各种组装时，"可能世界"才会展示在我们眼前。而此时我们使用的不能是实物，而只能是某种替代品。因此，若想翱翔于可能世界的天空中，语言是不可或缺的。

我亲爱的读者，你能赞同我的观点吗？

若是赞同这个观点，那么或许你也能赞同我这一章最开始时说的"没有语言就没有否定"这个观点吧。

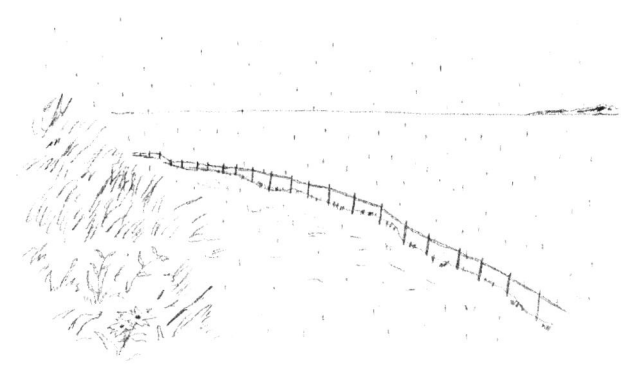

March 18

因为你想，不存在可能性的话，否定不是就无法成立吗？

某个人能够说"这个房间里没有熊猫"，仅仅是因为他捕捉到了房间里有熊猫这个可能性。只有认为存在房间里有熊猫这个可能性的人，才能够说出"没有熊猫"这种话。只有认为理论上自己也可能有钱的人，才能够说"我没钱"。

否定诞生于现实与可能性的夹缝中。若仅有现实而没有可能性的话，也就不存在否定，一切都是"事实"。又因为没有语言就没有可能性。所以，可以得出没有语言就没有否定这一结论。

所以，若仅存在现实世界而不存在可能世界的话，也就不存在思考。

所以，没有语言就没有思考。

5

隐形的框架

逻辑之神

上一章中，我们讨论了完全无法思考可能性的动物们的问题，那么我们或许也可以试着讨论一下与这些动物截然相反的存在。截然相反的存在——也就是能够接纳任何逻辑上可能性的存在。只要逻辑上是可能的，那么无论这个可能性多么荒唐无稽都将之平等接纳。换言之，这个存在就是逻辑之神。那么，到底逻辑之神眼中的世界是什么样子呢？

当然我们并不是逻辑之神。

我们拿着茶杯的时候，知道若是发生摔落或碰撞，茶杯就可能会碎掉。因此我们会小心谨慎地拿好它。但是，若从逻辑可能性角度来分析的话，即使松开手茶杯可能也不会掉落，即使发生激烈碰撞可能也不会碎掉。而即使碎掉了，说不定放一个晚上就恢复原样了呢。但是因为我们知道这种可能性是极为荒谬的，因此根本不会想要"赌赌看这个可能性"。我们会将逻辑上存在的可能性分为"可能性高的可能性"与"可能性低的可能性"两个分组。

然而逻辑之神不是这样的。对他来说，不存在什么普通的可能性或是荒谬的可能性。逻辑之神接受一切可能性而不会区别对待。

但如此一来，势必反而动弹不得。

眼前只有现实的动物受到外界环境刺激时会直接做出反应。与此相反，逻辑之神一旦进入可能世界，就像是站在了一片所有方向完全相同的广阔平原上一样，不知该何去何从。如果我是逻辑之神的话，一定会烦得干脆蹲下了。

人类既不是只看得到眼前现实的动物，也不是拥有绝佳逻辑视力的神明。

但这"高不成低不就"其实颇为意味深长。不，有没有深意先姑且不提，人类的"高不成低不就"可是引起了一些难题。

一名名为丹尼尔·丹尼特的哲学家在探讨人工智能问题时用了一个叫作"R2D1"机器人为例。呃，它大概是R2D2的前身吧。我也不是很清楚这些细节。这里我们就让R2D1隆重登场吧。

虽然这会是一个比较长的故事，但我实在迫切想要各位读者们体会一下，机器人与人类的"高不成低不就"会碰撞出什么样的结果。

R2D1 的悲剧

最初有一名叫作R1的机器人。

R1在自己电池快没电时，会自动更换电池。它能准确判断出备用电池，只要提前在房间中放入备用电池，R1就能准确地找到备用电池并自行更换。

March 19

隐形的框架

某一天，坏心眼的设计者们决定让R1完成一个虽然危险但简单的任务。他们把备用电池放到手推车上，然后把手推车放入房间，最后给房间里装上了一个时限为一分钟的定时炸弹。爆炸时只要在房间外就不会有危险。然而如果在房间内更换电池的话，无论如何都会花费一分钟以上时间。那么R1会怎么做呢？

其实答案很简单。R1进入房间把手推车推到房间外，然后慢悠悠地开始更换电池。虽然炸弹在房间内爆炸了，但R1安然无恙地更换完了电池。虽然我个人很好奇爆炸后一塌糊涂的房间要怎么办，但就让我们姑且认为房间非常牢固吧。

于是一名设计者说了："R1做得很不错啊。"

另外一名设计者："但是它为什么把整个手推车拉出来了呢。"

大家纷纷满意地夸道：

"可能是因为这比直接拿出电池更为轻松。"

"而且可以节省时间呢。"

"R1真是聪明。"

"对对，这孩子太聪明了。"

然后一名设计者建议道："那么我们让它进行下一个任务吧。"

这次设计者们在手推车上不仅放了备用电池，还放上了定时炸弹。然后把这件事也告诉了R1。

他们都以为R1肯定会直接把电池拿出房间。然而R1却把还放着定时炸弹的手推车拉出了房间，准备就地更换电池。

然后炸弹爆炸了。

太惨了。

于是一名设计者说:"它真蠢。"

又有人说:"确实是个蠢货!"

大家都纷纷表达不满:

"那家伙明明知道手推车上放有定时炸弹,难道都没想过把手推车拉出去的话炸弹也就跟着出去了吗?!"

"直接拉出去的话炸弹也会到房外,这不是很明显的事情嘛!"

这时有一个人劝道了:"虽然对我们来说是理所当然的,但是它是机器人嘛,这都怪我们没有教给它这个道理。原谅它吧,R1只是忠实地完成了必须在炸弹爆炸前将电池拿出房间这个任务呀。"

于是设计者们说:"那么下一个机器人就设计让它事先调查清楚拉出手推车的后果吧。"

"确实,行动前必须先知道每个行为的后果。"

"没问题!"

于是,他们制作出了行动前会仔细确认行动后果的机器人,将这个改良版本命名为R1D1。

然后将R1D1送入了房间。

然而R1D1一动不动。

怎么回事呢。

因为R1D1在运算。将手推车拉出房间就能把电池带到房间外这没问题,但是R1D1必须仔细确认自己行动的后果。

将手推车拉出房间会不会导致电池损坏？不会。

将手推车拉出房间会不会导致手推车损坏？不会。

将手推车拉出房间会不会导致房间温度上升？几乎不会。

将手推车拉出房间会不会导致地板浸水？不可能。

将手推车拉出房间会不会导致墙壁变色？……

炸弹爆炸了。

于是一名设计者说道："怎么回事！它怎么连墙壁颜色都要关心。"

有人答道："因为我们要求它仔细确认自己的行动后果啊。它真的做得很仔细认真呢。"

一人说道："它是不是傻。"

又有人劝道："原谅它吧，它只是一个机器人。所以只能听从命令嘛。"

虽然不知道这群研究者们打算把多少预算花在这种事情上，总之他们再次改进了机器人。

"再怎么认真细致也该有个限度。必须要教它忽略与任务无关的问题，只确认有关的。"

"没问题！"

于是R2D1诞生了。

然后研究者们把它送进了放有电池和定时炸弹的房间里。

然而R2D1也一动不动。

"有关还是无关，这是个问题。"

多么哈姆雷特式的烦恼啊。按照小田岛翻译的版本让它进行独白的话，或许就是：

"牵系着生死的伟大事业在这一种考虑之下，也会逆流而退，失去了行动的意义……"

一名设计者怒吼道："行动起来！"

R2D1答道：

"正在确认中。……将手推车拉出房间会不会导致房间温度上升这个问题与任务是否有关。将手推车拉出房间会不会导致地板浸水这个问题与任务是否有关。将手推车拉出……"

炸弹爆炸了。

框架问题

这就是R2D1的悲剧。

催人泪下。

那么究竟当时应该怎么做呢？而且问题到底出在哪里了呢？

我们的行为建立在成千上万个常识的基础上。我们知道世上没有源源不断地涌出红茶的茶杯，完全不会将这种可能性纳入考虑，因此毫不在意地将茶杯收到碗柜中。而我们也知道这样只要没人动它，它就不会半夜到处移动。也知道只是倒杯红茶既不可能导致茶杯融化，也不可能导致华尔街股票暴跌。

March 20

5 隐形的框架 139

常识告诉我们什么样的行为会导致什么样的结果。常识告诉我们什么样的行为不会导致什么样的结果。常识告诉我们……这是讲不完的。毕竟R1D1就是这样不幸遇难的。

所以，常识上明显无关的信息完全可以忽略不计，并不需要确认。我们必须教会机器人，让它像我们平时做的一样，只筛选出那些可能性大的，与有关的可能性，然后无视大量其他可能性。

但是这谈何容易呢。到底该如何是好。

忽略，意味着从始至终都不将其纳入考虑。然而如果——判断到底该选取哪些忽略哪些的话，其实就等于将其全部纳入了考虑。而若是要老老实实一个一个按照：有关还是无关—无关—忽略，这样的顺序来判断下去，那就没完没了了。毕竟R2D1就是这样不幸遇难的。

无所不知的愚者

让我们承接上文机器人的故事，继续讨论一下机器人的改进方法吧。

我想，或许设计者们可以按照这样的思路来设计下一个机器人呢？

首先由人类为机器人筛选掉大部分信息。也就是说，从机器人的程序中排除掉大部分信息。

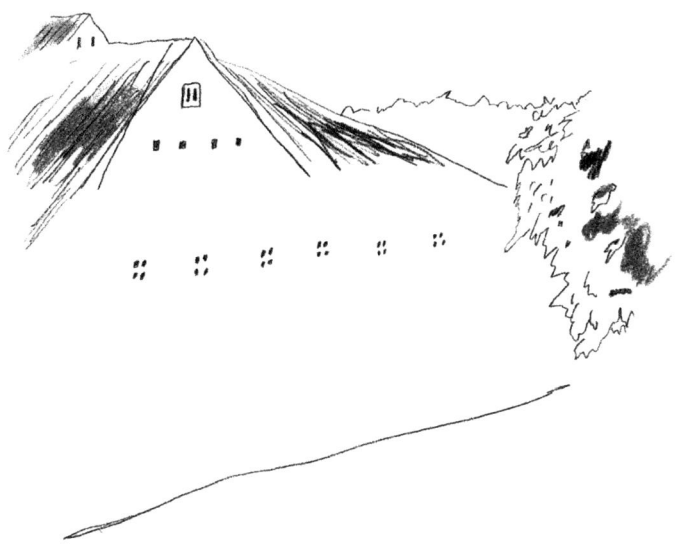

March 21

然后将所有与任务相关的常识一一塞给机器人，虽然这个过程极为繁琐。

例如，因战胜了国际象棋世界冠军一事而为人们所熟知的超级计算机"深蓝"就是依据这个思路设计的。

命令R2D1下国际象棋的话会怎么样呢？那种极为缺乏常识的哈姆雷特型机器人恐怕会陷入无尽的思考中，从"让城堡前进是否会影响到其他棋子的布局这件事与比赛是否有关无关"之类一直考虑到像是"我现在将军的话是否会让股价下跌这件事与比赛是否有关？无关"之类的问题。说不定棋还没下完，公司年报都出了呢。

首先，让人类来帮助它们将诸如此类明显无关的问题排除。或者说直接从最开始就不赋予它们研究此类问题的能力。然后再将有关国际象棋的常识一一灌输给它们。

国际象棋名家的做法则与之大不相同。虽然仅国际象棋中，每一步棋就存在着许多种可能性，然而国际象棋名家的话从最初就会把绝大多数可能性排除在外。我曾读到过一名职业围棋选手说"我只预测三手棋"。虽然说法有些极端，但我不是不能够理解其中含义。外行看热闹，内行看门道。职业选手根本不会在外行人可能会做的无用功上白费工夫，而是仅仅会对最大可能性穷追猛打。

深蓝可能多少也会这样做吧。但它更多的还是在尽全力解析一切可能性。毕竟它拥有远远超越人类的运算速度。听说设计者曾说它是"无所不知的愚者"。顺便说句题外话，我被人叫作"一无所知的愚者"。这实在是糟透了。

就这样，不仅仅是国际象棋，如果研制出更多领域的机器人专家，比如医疗机器人、汽车修理工机器人或是大学老师机器人的话，想必这些机器人也能够在各自领域大展身手吧。这些姑且不再探讨。现在我们要探讨的问题是这些机器人专家与人类到底有什么不同。

一大差别就是，深蓝会尽全力去解析每一步棋一切可能的下法，即使是那些国际象棋名家不会费工夫去思考的。其实，两者间还存在着一点更为根本的区别，而那就触及框架问题的核心了。

March 22

March 23

⑤ 隐形的框架 145

March 24

March 25

将常识"对症下药"

世上并不存在什么单纯的"常识"。

虽然我的妻子经常说:"你知道吗?哲学家的常识是脱离社会常识的哦。"但其实根本不存在什么普遍意义上的"社会",同样的也根本不存在什么普遍意义上的"常识"之类。而且,世上并不存在仅对于某一个人来说是"常识"的常识。所谓常识,就是指在某个范围的人群中共通的、不言而喻的知识。

啊,现在我想到该如何反驳妻子了。假设哲学家的常识脱离社会常识,但社会常识又是哲学家的常识的话,那不就说明哲学家的常识是一个包含社会常识的更大集合吗。哲学家拥有的是"元常识",那么正如阿尔弗雷德·塔斯基所证明的一样,常识蕴含于元常识中。怎么样!

不不,现在不是说这个的时候。

让我们言归正传。

把范围缩小一点。例如,内科医生的常识就与外科医生的常识不尽相同,更不用提医生的常识和哲学家的常识了。据说认知心理学研究发现,即使是逻辑推理,不同领域的推导模式也是各具特色。而就连

"社会常识"这种东西,不同文化与社会环境下的社会常识可能也相去甚远。

这样一来,单单只说"常识"的话就说不过去了。所谓常识,其实永远附带有某种诸如"对哪些人来说""与什么活动有关"之类的限定条件。对,有些人似乎就是不太明白这一点。总会遇到一些特别晦涩难懂的说明书,或者是在窗口办理业务茫然不知所措时,被工作人员用看蠢货一样的眼神鄙视。而那并不是因为我缺乏常识,而是因为我们对常识范围的认识有所不同。唉,这世道真难。

因此,世上存在的并不是某一个通用的"常识",而是无数"常识们"。我们要做的就是将常识"对症下药"。

March 26

比如我们在居酒屋和怀石料理店会自然而然地表现出不同的言行举止。而即使只是购物，店铺不同我们运用的常识也不同。我们既不会去电器店询问店里有没有萝卜，也不会去蔬菜店找人修电视。

不能准确地判断出场景与问题的话，也就无从得知该对应使用何种常识。而想必将常识"对症下药"这一点对机器人来说，会是一个更为艰巨的任务。

然而更严峻的是，世上还有无数无法通过简单套用常识来解决的问题。

常识的灵活性

对了，我亲爱的读者，你觉得什么情况下，即使去电器店询问店里有没有萝卜也合乎情理呢？

比如那家电器店兼务农业，偶尔会在把蔬菜交给农业协会前卖出一部分，等等。另外，如果蔬菜店老板正好擅长修理电器，修个电视简直是小菜一碟的话，我们当然也可以去蔬菜店修理电视。还有，虽然我们一般根本不会考虑饭店里的饭菜有毒这种可能性，但说不定呢……只要别战战兢兢，一般是不会发生的吧。

另外再举一个例子，马上就要被狗咬到的时候该怎么办呢？什么，你说："这都什么问题？！"好了好了，别激动。那么到底该怎么办呢？

能逃就逃，不能逃就选择战斗。或是踢，或是用附近的棒子敲都可以。因为我们可也是在殊死搏斗呢。但是其实这个问题缺少了决定性细节，像是狗的大小、狗的主人是否在附近，以及狗的主人是个什么样的人等。这些细节都会影响到答案。如果它的主人比狗还凶恶，那我肯定就选择屈服于恶犬了。而且如果主人在的话，我们自然就不能去用力踢狗了，更不用说如果主人是我们的熟人这种情况了。这个问题牵扯太多因素，根本不能公式化解决，必须具体问题，具体分析。

孩子不愿意上学这个问题比起狗的问题可严重多了。到底是该骂他"给我上学去"呢，还是该赞同"学校这种东西不上也罢"呢？虽然这个问题似乎有某种程度上的模板，但一般并不能套用统一答案。而且如果硬要套用答案的话，就不得不像R2D1一样——判断什么与自己的问题有关了。

继续找下去的话，我们还能找到无数个例子。比如恋爱，这也是无法套用统一答案的⋯⋯我这样认为。

归根结底，越是难的问题，就越是伴随有许多各种各样的问题。那么这不仅要求我们综合各领域的常识进行归纳整理，往往许多现实中遇到的问题还有一些常识无法适用的奇怪之处，这就要求我们必须通过对具体情况进行具体分析来对常识进行补充，或是甚至暂时修改自己的常识。

这些大概已经不是机器人专家可以胜任的了。若我说"不可能有机器人恋爱专家之类吧",相信大多数人都会表示赞同。只懂得很多"大道理"并不能算是恋爱专家。所谓恋爱专家,想必不仅要求懂得许多"大道理",还需要能够根据对方情况来恰当地进行调整修改。嗨,我以前可用不到这些套路。我亲爱的读者,你问我这句话什么意思?这还用说?你这个失礼的家伙。

归根结底,常识也不过只是一个标准,我们决不能被其所束缚。若是常识不具有能够顺应具体情况灵活变化的灵活性,那么也就派不上用场。框架问题真正的难点就在于此。

"'标准'是什么?我要依照标准吗?还是不依照呢?"

若是R2D1这样问我们,又该如何回答呢。

充满怀疑的哲学家

让我们转换话题,从哲学角度来聊一聊怀疑吧。

我们不是经常说什么"新的发现诞生于对真相的怀疑中"吗?我现在就是要谈一谈这所谓的"怀疑"。

让我们怀疑一切事物,真的尝试着怀疑一下一切事物。会是什么样呢?

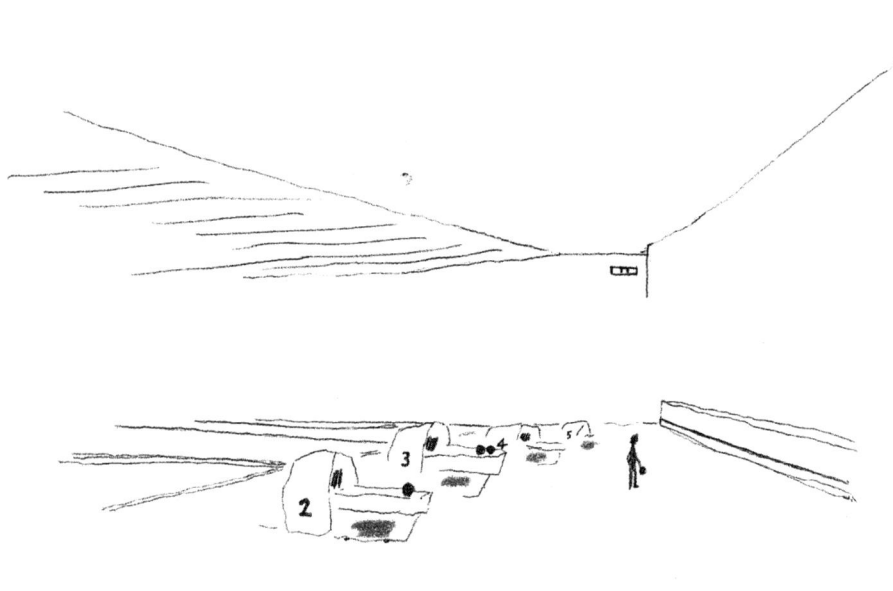

March 30

假设我们准备坐下时怀疑椅子快坏了,于是坐下前先敲一下椅子。但是又怀疑这一下说不定正好成为了压死骆驼的那根稻草,明明敲打之前还勉强可以坐,现在说不定不行了呢。那就再敲一下吧。嗯,没问题。但是……就像是边敲打石桥边过河①时只敲敲打打却不肯向前迈一步一样。然后终于把椅子敲坏了。

或者再举一个例子。我们晚上睡觉设定闹钟时,一般都是很信赖闹钟的。但假设某一天我们突然异常怀疑其可靠性,担心得辗转反侧无法入睡。于是把时间调快到设定的时间。然后闹钟响了。但是我们又开始怀疑闹钟下一次会不会响,于是再试一遍,又响了。但是……就这样重复到了天亮。

这些例子其实还不算什么。刚才我说了要从哲学角度来探讨,所以接下来,就让怀疑来得更为猛烈一些吧。假设我在房间中醒来了。但这是真的吗?我到底是醒了还是睡着呢?说不定我现在是在做梦?那么这个房间、这个桌子、甚至连我的身体,不就只是梦中幻影了?

我还清晰地记得昨天的经历。昨天我没带伞,走在路上时却突然下起了雨,实在是糟透了。

但我昨天真的经历过这些事情吗?会不会是我记错了?会不会是有某个无聊的科学家恶作剧,给我移植了一段可以以假乱真的记忆?

---

① 日本谚语:边敲打石桥边过河。形容做事时再三确认,过于谨小慎微。

怀疑的立足点

我亲爱的读者，读了这些话后，你或许会觉得这是一派胡言，但又因不知如何反击，因而有些烦躁。其实，我们并不可能同时怀疑一切。

举个例子，现在我的钱包中的钞票可能是假钞，这种可能性确实是存在的。那么存在所有的钞票都是假钞这种可能性吗？亲爱的读者，请尽情展开想象的翅膀。

我们可以断言那是不可能的。亲爱的读者，希望你可以想明白。

为什么呢？因为所谓假钞，没有真钞何来假钞。世上不可能只存在假钞却没有真钞。

然后让我们再来咀嚼一下下面这句话。

"所有亨利·马蒂斯的画都是赝品。"

"所有"都是赝品。

想想都知道不可能。

这个道理也适用于梦。我们可以怀疑某个夜晚的经历或许只是梦，但却无法怀疑从呱呱坠地到与世长辞之间的所有经历全都是梦。并不是说从常识上来说做不到，而是逻辑上根本行不通。所谓梦，没有醒来后的现实何谈梦。"梦"若从来没有醒过,那也就不再是梦。

也就是说,怀疑只能针对局部。

没有真钞,就无法怀疑是假钞,没有现实,就无法怀疑是梦境。没有立足点,就无法作出怀疑。做出某种怀疑时,必须有某种与之相对的存在来作为依据。

怀疑也是依托于某些框架而存在的。试图拆除一切框架然后坠入同时怀疑所有事物的深渊,只是个无稽之谈。

any 与 all

话又说回来,我们又可以对任何事物抱有怀疑。

亲爱的读者,你问我是不是前后矛盾了?

如果你这样认为的话,那么我希望你重新仔细通读上文。

我们可以怀疑任何钞票是假钞。

但是无法怀疑所有钞票是假钞。

这里就是any与all的区别。一般来说,我们可以从any推导到all。举个例子,"你可以调查任何一只鸭嘴兽,它绝对都长有蹼",也就意味着"所有鸭嘴兽都长有蹼"。我们可以毫不费力地将这里的any(任一)转换为all(所有)。

但这并不适用于假钞和梦之类的情况。这些情况下虽然可以用any,但转换为all时就站不住脚了。

March 31

所以反过来说，我们虽然无法同时怀疑"所有"，但可以怀疑"任一"。也就是说，在确保怀疑拥有立足点的同时，不断改变立足点，改变依据。

轻松自如地思考

这就与上文所讨论的常识衔接起来了。

不仅是怀疑，我们无论做任何事情都必须找好立足点。而常识就是我们最常使用的立足点。

然而我们时而又不得不怀疑自己脚下的立足点。

但是这并不意味着我们就悬在了半空中，脚下空无一物。我们可以轮流抬起双脚，检查左脚脚下时候用右脚站立，检查右脚脚下时用左脚站立，同时抬起双脚当然只会落得个粉身碎骨。

怀疑常识并不意味着抛弃常识。如果没有常识来依托，我们只会落得个跟逻辑之神一样的下场，不知何去何从。所以我们要做的是：虽然将常识作为立足点，但又不能对之一味深信不疑。

若这次是从某个立足点出发观察的话，那么下次就寻找一个新的立足点，从新的立足点出发来研究上一个立足点。也就是说在保证脚下有立足点的同时，不断改变脚下踏板。

就是要如此身轻如燕。

"高不成低不就"的人类既不完全依附现实,也不像逻辑之神一样完全脱离于现实。说"高不成低不就"太过直白刺耳。其实换一种说法的话,就是人类拥有着能够随心所欲、身轻如燕地腾挪于不同立足点上的自由。

所谓思考,就是要这样轻盈。

自己动脑思考?

维尼小熊与屹耳的谈话

上了年岁的灰色毛驴屹耳今天也在思考很多事情。

"这是为什么呢？唉……正是因为不去才这样的？唉……"

正当屹耳满脸忧郁地唉声叹气的时候，小熊维尼来了。

小熊维尼："屹耳屹耳，我有事想问你，所以来找你了。"

屹耳："当然可以。比起空手而来，带着问题或是喜讯来总是要好些的。"

小熊维尼："没有好消息哦，但我有件事想问你。"

"唔"，屹耳悲伤地歪了歪头。

小熊维尼想或许可以问一问屹耳，便询问道："所谓'思考'，到底该怎么做呢？"

屹耳："这要根据你思考的问题而定。"

小熊维尼："那么要怎么去思考出要'思考的问题'呢？"

屹耳："小家伙，你应该有想要思考的问题吧？"

小熊维尼："我没有想要思考的问题，只是想要思考。熊可以思考吗？"

屹耳："没有想要思考的问题可没法思考。小家伙，并不是说思考的熊就比不思考的熊了不起。"

但是小熊维尼仍然想要思考，于是想了想说道："那，我就去'思考'思考这件事本身。"

说完这句话的小熊维尼和听到这这句话的屹耳都搞不清楚这句话到底是什么意思，暂时沉默了下来。

屹耳清清嗓子说道："那就这样吧，稍等一下，小熊维尼。"

屹耳哐当哐当地抽出了一本书，并朗读出书名："《惊呆了！原来思考这么有趣》，读这本书或许就可以知道答案。"

小熊维尼："啊，但是，我……对了！屹耳，你可以读给我听吗？"

屹耳："咕哝咕哝……"

小熊维尼："屹耳，你可以大声读给我听吗？"

屹耳："唔，所谓思考，就是做什么都可以。"

小熊维尼双眼放光，说道："那我也可以边吃蜂蜜边思考吗？"

屹耳："是的呀，但是，重要的不是抱着蜜罐，而是怀抱着问题。就是说怀抱着问题，从问题的角度出发来看待不同事物。话说我过生日的时候，你不是不知道送给我什么生日礼物，后来看到蜂蜜就决定送给我蜂蜜了吗？这不就是你的思考吗？虽然我当时收到的是空空如也的蜜罐……"

小熊维尼："我心慌意乱的时候经常这么做。"

屹耳："那么小家伙，你不就是在思考吗？"

小熊维尼："但是，我会很快忘记自己的苦恼，好像脑海中存不下什么事。"

April 1

屹耳:"这不就是虽然可怜但又幸福的小熊维尼嘛,这样的小熊维尼不也挺好的吗?"

小熊维尼:"但是,在脑海中想这想那不才是思考吗?我就很不擅长。"

屹耳缓缓地翻开书,说道:"书的最后一章中讲道我们并不是用脑思考的。"

小熊维尼不解其意,直勾勾地看盯着屹耳。

屹耳接着说:"也就是说我们并不是在自己动脑思考,而是在脑海之外思考,或是和别人一起思考。"

屹耳说着说着也觉得一头雾水,目光闪烁地凝视着小熊维尼。

小熊维尼:"屹耳,然后呢?"

屹耳:"先填满,摇一摇,再清空。"

小熊维尼不由得联想到了蜜罐。屹耳说完想说的,叹了一口气。

小熊维尼:"屹耳,然后呢?"

屹耳又一次面带忧伤地叹起气来:"没有了。我的书太旧了,后面已经不知散落到哪里去了。"

自己动脑思考?

我很在意"自己动脑思考"这个说法。人们常说"自己动脑思考"很重要,现在的年轻人一点都不用脑思考,等等。但我认为"自己动脑思考"这个说法有两点错误。

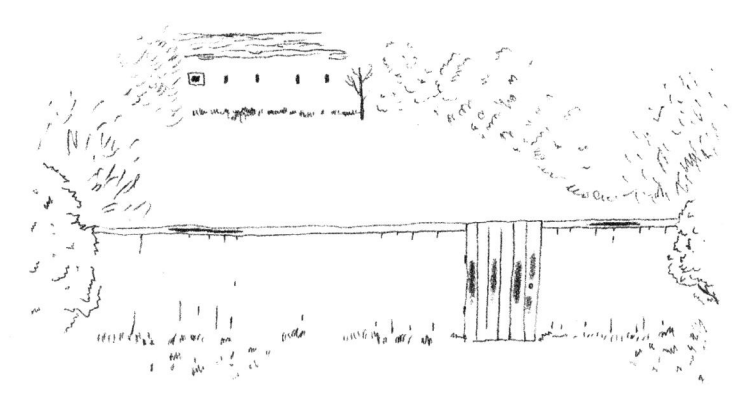

April 5

自己动脑思考?

第一点，思考其实并不是开动头或者脑来完成的。我们其实或是用手思考，或是在纸上思考，或是从冰箱里把东西拿到手上思考……

第二点，我们也并不是在独自思考。即使我们自己一人设法独自思考时，其实也会受到人们的话语等因素潜移默化的影响。其实，思考最重要的就是与人的邂逅。这是另一点。

我亲爱的读者，接下来让我先从第一点讲起吧。也就是我们并"不用脑思考"。

不用脑思考

从我们经常看到的益智游戏中举这样一个问题为例吧：

如图有10根火柴棒，现在请只移动其中的两根，使其变为两个正方形。

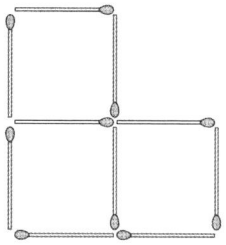

思考这个问题的时候，你是怎么做的呢？

若你拿起火柴棒，将它摆在桌上不同位置尝试不同的组合并进行思考的话，那这就绝不是在"用脑思考"，而是在"用火柴棒进行思考"，而桌面就是这个思考的舞台，对不对？

或许有的读者即使不拿起火柴棒进行尝试也可以完成这个游戏。但是这种情况下其实上图起到了不可忽视的作用。我们不正是边看着纸上描绘出的图形，边尝试重新编排线条吗？这种情况下的思考可以称为"在纸上进行思考"。

（考虑到会有读者很想知道上面益智游戏的答案，我会在后文中作出解答。当然，即使做不出上面的益智游戏也无伤大雅。）

再举个例子，比如笔算和心算。

亲爱的读者，你是先学会笔算的，还是先学会心算的呢？我想没有人是先学会心算的吧。

没有学过笔算就无法进行心算，一上来就学习心算只是个无稽之谈。即使是像"2+5=7"或者"3×2=6"这种简单的算术，我们最初学习时也是需要借助弹珠或者图形等手段的。

只有在现实中能够用手实际操作的人，才能拥有凭借想象来进行操作的能力。

或许有人会认为在头脑中想象操作就是思考，但这种想法是不正确的。头脑中的操作只是现实操作的重演，归根到底还是来源于现实中的动手操作。

而且归根到底，语言就是如此。语言并不是先出现于脑海中，然后才被形成声音或者文字的。所谓语言，其实就是指眼前的事物、从嘴巴发出的声音以及写在纸上的文字。而我们就像堆积积木一样在纸上（或者是在文字处理机上）将文字进行各种排列组合。

April 6

而这些操作基本都是由手来完成的。

想与思考

人们经常用到的"动脑思考"这种说法，或许是对思考的一种误解。比起笔算，心算更给人一种"思考"的感觉。若只是在纸上进行机械计算，想必你不会将之称为思考。但若是边说些诸如"快想出来了，唔……"这样的话边心算出答案的话，就会让人觉得经过了思考。

不仅在心中描绘比起在纸上涂涂画画更有思考之感，如果有人想到什么就立马说出来，就往往会被吐槽不经大脑。那么这是否意味着说之前应该先在头脑中进行预演呢？

似乎人们倾向于认为思考先是源于"内"，然后才借语言为载体表于"外"。而未诉诸语言的想法，就会被称为隐藏于内心的想法。

但是我完全不这样认为。

当然，因为"思考"这个单词包含多种含义，所以"内心默念（想）"和"在脑海中想象"也可以称之为"思考"。毕竟"思考"确实也有这样的用法。

但是我想在这本书里讨论的"思考"不是上述这种"思考"。

我们主要在遇到问题的时候进行思考。即便是毫无头绪，只要我们还在捕捉问题的答案，只要我们还处于紧张的状态，那么就是在思考。所以"毫无头绪"不同于"无法思考"。即使处于毫无头绪这种痛苦的状态，也要坚持瞪大双眼、静心聆听，并且尝试进行种种努力。只有当我们失去了那份面对问题的紧张时，这种状态才能被称为"无法思考"，而并不是说"大脑一片空白"。

当我们遇到问题时，不应闭门造车。而是应该抱着问题意识与外界进行接触，然后进行各种观察、各种手头实践与各种尝试。而这尝试都并不是在脑海之中进行的，而是在脑海之外等待着"尤里卡"的呼唤之声。于是我们就在脑海之外进行思考。

顺便在这里公布刚才益智游戏的答案吧。移动两根火柴棒后应该变成右图所示的图案。

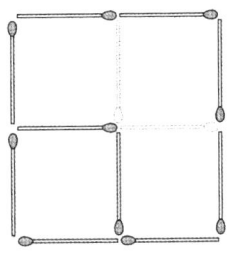

亲爱的读者们，大家做出来了吗？

OK，让我们接着上面的话题。

你不是在独自思考

"独自思考"这种说法也有些奇怪。

"独自思考"经常用来表达"不受他人影响,有自己的想法"这一层含义。但是"有自己的想法"与"思考"根本就是两码事。

那些不听取别人的意见、固执己见的人,其实不是不怎么思考吗?反过来用较为极端的说法来说的话,所谓"思考"之人,不正应该能够灵活接受别人的意见,而不是执着于自己的想法吗?

没有语言,人就无法进行思考。语言并不是独自一个人就能创造出来的,而是由需要交流沟通的群体在历史的长河中逐渐创造出的。因此只要使用语言,我们就无可避免地会受到他人的影响。

另外,只有新的语言才能带来新的可能性,而这些新的语言也都来自于他人。从呱呱坠地至今,我们一直从他人那里学习语言,直到现在也在不断继续着这一过程。从他人处学到的或许有全新的词汇,但更为可能的是已知词汇的全新含义,而这也就等于学到了全新的观点看法。

我在前文中已经提到过，我们生活于无数隐形的框架之中，没有框架就没法生活。然而，思考就是要与这些框架做斗争，这当然是非常困难的。而能够赋予我们看到这些框架的力量，存在于人与人的邂逅之中。

我们习以为常的常识像是看不见的框架一样束缚着我们。然而我们会遇到不拘泥于这些框架的人。起初或许会觉得他们是缺乏常识的奇葩，但是正是通过感受这种差异，我们才能够认识到自己想法的局限性，才能够拥有看到隐形框架的能力。

哲学经常就显得十分奇怪：明明睁着眼，却说什么"可能是在梦境中"这种怪话；明明在凭自己的意愿泡茶喝茶，却说些"自己的意志"是什么、"自己"是什么、"意志"是什么之类矫情的话。但是其实正是这些话语赋予了我们能够看到从未看到过的自身身边的框架的力量，然后我们被动摇，进而开始思考。

我刚才说不能闭门造车，同样的，也不能只跟与自己相似的朋友交往，要邂逅奇怪的事物、奇怪的人。只有这样，我们才能够发现对于自己来说的奇怪之处。

April 7

而那之后，思考的舞台也就随之铺展于我们面前了。

思考的技术

这本书已接近尾声。亲爱的读者们，最后就让我边回顾之前讲过的内容，边总结些有助于思考的技巧吧。

1.搞清楚问题本身

思考就是指面对问题时，秉持问题意识去看待事物。那么此时最为重要的就是搞清楚问题是什么。而明白了问题的含义之后，不能慢吞吞地思考答案，而是要重新审视问题，并尝试找寻答案，让这两件事像螺旋一样互相旋转推动下去。

问题是什么？还有为什么这会成为问题？

所有问题都拥有其问题背景。背景不同，问题的含义也会随之不同，放在某些背景下或许问题也就不再成为问题。所以我们需要通过探究问题诞生的原因来明确其背景。

而在清楚了问题的含义后，答案常常也就自然水落石出了。

2.有效地利用逻辑

亲爱的读者，虽然就像我上文强调的一样，"逻辑思考"是个不负责任的说法，但逻辑确实很有用。这是因为逻辑可以抽取出语言的含义。我们若是想要最大限度地利用手头的信息，就必须抽取出信息的含义，而这正要依靠逻辑的力量。这个说得通，那么那个理应也可以说得通；这个与那个矛盾，必须处理一下，如此整理自己的知识储备的话，视野也会变得开阔。

值得注意的是：虽然我们想要做事有逻辑，但是时而又会被其所欺骗。因此若是觉得某种逻辑哪里不对的话，最好不要忽视这份直觉。反过来说，逻辑又拥有凌驾于直觉之上的力量，因此有些时候即使逻辑与直觉不符，我们也应试着跟着逻辑走。

虽然这两者之间的平衡颇为难以把握，但这种能力是很必要的。

3.锤炼语言

我们拥有的唯一能够支撑思考的羽翼就是语言。

我们将整个情形解构为种种零件，再串联起这些零件尝试各种全新的排列组合，而在这个过程中发光发热的正是语言。

所以，拥有越多语言的人就能够尝试越多可能性，而汲取到新的语言也就意味着拥抱住了更多可能性。始终保持着面对问题的紧张感，不断探寻新的可能性时，语言是那么的柔软，而又闪耀着柔和的光辉。

我们必须锤炼语言。

4.从头脑向外发散

亲爱的读者，这就是本章讲述的内容之一。思考并不是在脑中进行的，我们需要抱有问题意识去观察事物，然后再通过实际行动去寻找答案。

一条比较有可行性的意见就是，把自己的想法全都记录下来。无论是记在随身携带的记事本，记录于铺陈于桌子的纸上，还是在白板上尽情涂鸦，或是在文字处理机上打下只言片语。记录下自己的所有灵感，如此也就可以挖掘出所有内心的想法。

在此之后，尽量去"看"而不是去"读"这些想法。比如可以将其整理在一张大纸上，最重要的是要方便查阅。

就这样一边动手一边动眼，灵活地使用周身的事物。

这样以来，无论是在吃饭还是在泡澡，你都在思考。当然并不是说吃饭时也要满脑袋都是问题，吃得味同嚼蜡。重要的是对问题时刻怀着一颗敏感、紧张之心。

虎视眈眈地关注外部的世界吧。

5.交流

本章另外讲到的一点就是"交流"。我们决不能忽视交流的力量：

April 8

第一，把自己抱有的问题告诉他人是搞清楚问题的最佳途径。

我出于职业习惯，经常会思考哲学问题。但是向人讲述哲学问题其实是一件颇为困难的事。例如，在课上教学生时，若想要学生对我所讲的内容产生共鸣，那么单单清楚地表达出问题是不够的，关键其实取决于我对问题核心的把握程度。反复思考授课方式，对我也大有裨益。

即使对方只是扮演一个倾听的角色，问题的轮廓也会因此变得清晰许多。

第二：邂逅不同的意见、不同的观点，邂逅全新的语言、全新的含义。只有这样，我们才能遇见自己，才能踏足未知的领域。

从这个角度来说，比起同感，反感还有违和感这种体验更加重要。

邂逅奇怪的人、奇怪的事物，以及奇怪的书。

亲爱的读者，即使这本书对你来说或许无足轻重，但若也能成为这样一段奇妙的邂逅，我将十分满足。

*

屹耳的那本书就断在了这附近。

明明我致力于打造一本"怪书"，却在这里一本正经地说着些像模像样的话，唔，不由得觉得有些自我矛盾呢。对了，屹耳书中还有一句话：

"先填满，摇一摇，再清空。"

这样一句莫名其妙的话。

这句话确实是书最后的一部分内容。但亲爱的读者，你手中的这本书可不像屹耳那本一样陈旧零散，所以就让我继续聊下去，给这本书画上一个句号吧。

THE WILD FLOWERS

April 9

HAPPY BIRTHDAY

（虽然我有想过要送你什么样的生日礼物……）

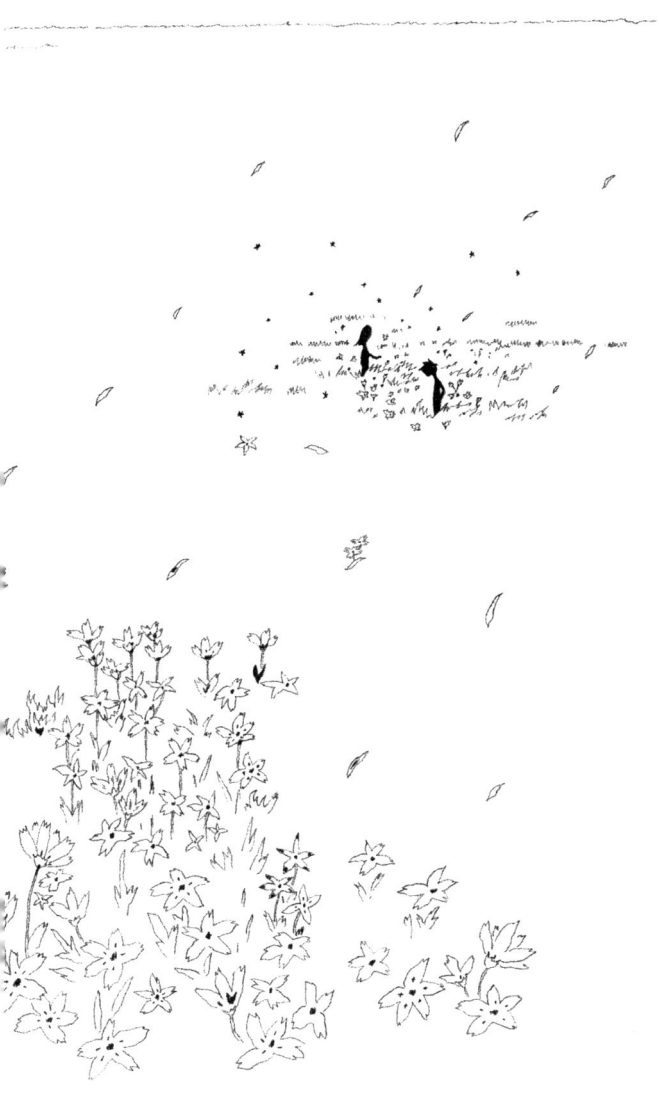

6 自己动脑思考? 187

先填满,摇一摇,再清空

去观察,去推论,尝试把捕获的信息写出来,再用不同方式整理重组这些信息,然后去请来一名听众,不顾后果地表达出自己的观点。

就这样围绕着问题填充各式各样的东西,然后摇一摇吧。

最难的其实是最后一步,清空已经填入的事物。不清空,新的事物就无法进入。就像拳头一样,不打开,就无法接纳新的东西。

我不知道要怎么描述这种状态,虽然身心放松但却全神贯注。虽然内心充满连绵不断的紧张感,但身体却在走路、搭乘电车、看电视,做种种稀疏平常的事情。本书的开头中有这样一个比喻:"像敏感的乐器一样",我觉得这个比喻用在这里颇为贴切。

亲爱的读者,你说清空不就会忘却所有?

如果是这样的话,那就说明问题还没有成为你的一部分。你还需要去填塞,去摇晃。

但是只填塞的话,最终输出的东西只不过是填的内容,而如果只摇晃的话,只会留下一片混乱。所以要下定决心暂时抛弃一切。

就像布置陷阱一样，若布置完陷阱还一直守在旁边的话，猎物是不会上钩的。

若是一直一无所获的话，紧张感就会渐渐消失，最后我们或许会真的忘记一切。如此一来就需要重新调整状态，再一次去填满、去摇动、去清空。

如此边等待着"尤里卡"的呼唤之声，边重复这一过程。

有的人等了八年，有的人未得到回应却仍在继续等待。这就是所谓的思考。

那么，再一次——

去思考吧，
如同初次思考一样。

后记

虽然我不是第一次出书,但这本书却是我产生了第一次出书般的感觉。并不是所有的书都是如此制作的,但是也有如此制作出的书。

那么到底是如何制作的呢?

去年春天樱花盛开时,编辑森本向我发来了写书的邀请,说是想要制作出一本配有大量插画的魅力之书。英雄所见略同,我也很中意这种书。

于是之后森本带着几张插画来到了我的研究室。其中就有植田的作品,我看了十分喜欢。当时就想:和植田一起共事应该会很棒吧。

秋天我完成了书的初稿后,就请植田通读了一遍,之后与植田见面。当时森田也带着几本空白的书来了,说是要和我商定纸张颜色、书本形状和装订方式。在我和森田讨论的时候,平日沉默寡言的植田开了口,说这次想把插画串联成一个故事,让其最后与文章呼应,而非独立的一幅幅插图。于是他就以我的文章为基础,尽情地描绘他的世界。让人不禁期待起最终会成为怎样一本书。就这样,我们全心投入了制作这本书的过程中。

除此之外,还有一位强力伙伴加入到了我们的队伍中来。那就是设计封面的铃木成一先生。铃木不顾繁忙,挺身加入了我们的团队中，并主动担下了包括铅字在内的所有书本设计，就是否采用双色印刷、是否改变书本的形状等事宜积极地给出了自己的意见。虽然这需要花费更多的时间与金钱。

就这样，虽然任性，但大家都在朝着做出一本好书而努力，也为制作这本书奉献出了全部的精力。经常被我们的任性搞得焦头烂额的森本又哭又笑地向我们深情表白："能做这本书的编辑我感到很幸运。"

于是最终，这本书诞生了。满载着我们的激动与期待。

若是这份心情能够传递给各位，我们将非常满足。

野矢茂树　代表团队4人